板倉京
税理士・マネージャーナリスト

ダイヤモンド社

はじめに
たった5日で相続対策ができる!

数ある相続の本の中から、本書を手に取っていただきありがとうございます。

本書は「相続対策を実践するための本」です。ステップ通りに進めていけば、特に知識がない方でも一通りの相続対策が最短5日でできるようになっています。


「相続対策の実践本」を執筆しようと思ったのには理由があります。

私は都内で税理士として仕事をしていますが、「相続対策」に関心があるお客様はかなり多いと感じています。仕事でお世話になるマスメディアの方々も「相続の特集は人気で、よく売れるんですよ」とおっしゃいますし、実際テレビや雑誌、ネットなどでも相続の話はよく目にします。

「モノにあふれた家の中から財産を探し出して、一つずつ解約手続きをする」「遺産を巡って家族が争う」「相続税が高すぎて払えない」……。

そんな相続にまつわる苦労話を見聞きしたことがある方はきっと多いはずです。そして皆さん、「自分は、家族にそんな苦労をかけたくない……」と思っているのではないでしょうか。

相続対策は「わかっちゃいるけどできない」もの

ところが、相続対策の必要を感じている人が多いのにもかかわらず、実際に「相続対策をしている」という方はきわめて少数派です。相続セミナーに参加するような意識の高い方ですら、実際に始めているという人は1〜2割程度。

先日ご相談に来られた女性の方も、「そんなことまでご存じとは！」とこちらが驚くほど相続についての知識が豊富でした。聞いてみると「相続対策しようと、いろいろな本を読んだり勉強した」とのこと。

「でも知識はついても、結局何をどう始めたらいいのか、始めたとしても、最後までやり遂げられるかわからず、ここまで放置してしまいました」と……。

どうも相続対策とは「やったほうがいいとは思っても始められない」「知識があってもやり方がわからない」「やり通せるか不安で手をつけられない」、そういうものらしいのです。

本書は、そういった「相続対策が気になっているのに手をつけられないでいる」という方に向けて、相続対策を気軽に始めて、やり遂げてもらうために作りました。相続の「知識を得る本」ではなく、「対策をする」ための本であることが最大の特徴です。

▼「ToDo」が明確なので挫折しない！

本書の通りに進めれば、一般的なご家庭であれば、「たった5日間」で基本的な相続対策を、ご自身でやり切ることができます。

1日目から5日目の「やるべきこと（ToDo）」をわかりやすく記し、サンプルも付けましたので、あまり知識のない方でも、まるで隣で税理士に見てもらっているかのように、スムーズに進められると思います。

また、基本的な対策以外が必要なよくあるケースについては発展編として解説しています。さらに、章間のコラムでは相続対策をしなかったために悲劇が起きたリアルな例を掲載していますので、他山の石としてください。

一度対策をしてしまえば、その後は1年に一度見直すだけでOKです。これで、いつ何時もしものことがあったとしても、残された家族に迷惑をかけることはありません。子どもたちからも「お父さん（お母さん）は、最後まで私たちのことを考えてくれていた、立派な親だった」と感謝・尊敬されること間違いなしです。

いままで「やろうと思ってできなかった相続対策」を是非、この本を使っていただきたいと思います。

この「相続対策を実践するための本」が皆様のお役に立てることを願っています。

板倉　京

CONTENTS

2日目 「情報」を整理する

3日目 「相続税」を確認する

5日目

「遺言書」を書く

5日目以降

「5日目」が終わったら

発展編 知っておきたいケース・スタディ

※本書は、2024年11月現在の、法律・制度・情報をもとにしています。

序章

相続対策せずに亡くなると残された人は「地獄」

「子どもに迷惑はかけたくない」。

そう思っていても、相続対策せずに亡くなると、
家族や子どもに大迷惑をかけることに。

残された人にはいったいどんな地獄が待っているのか。

ここで赤裸々に紹介します

何の手続きが必要か、終わりがどこかもわからない「手続き地獄」

親が亡くなると、残された家族は様々な「手続き」に追われることになります。経験のある人には共感してもらえると思いますが、相続後の手続きは、想像以上に大変です。

葬儀の手配から始まって、役所での手続き、財産の名義変更、生命保険の請求、クレジットカードや電話・インターネット・サブスクの解約などなど……。

●子どもはあなたの財産や情報をどこまで知っているか?

親の財産や人間関係、暮らしぶりなどを知らない子どもにとって親の死後の整理をすることは、地図のない道を手探りですすむような大変な労力と時間のかかる作業となります。

葬儀や訃報の連絡は、**親の友人・知人関係がわからなければお知らせする相手がわかりません。**

遺影も、写真が見つからなければ決められません。

パソコンや携帯が普及する前は、友人・知人の連絡先は手書きのアドレス帳、写真は現像してアルバムで整理している人がほとんどでしたので、そこから探し出すことはさほど難しくはありませんでした。でも今はアドレス帳もアルバムもパソコンや携帯で管理する人が増え、パスワードなどがわからないと、それらの情報にもたどり着けません。

●財産情報がわからなければ、「家探し」からスタート

財産の名義変更は、ただでさえ手間がかかるというのに、**肝心の財産の情報がなければ、まずは財産探しからスタート**です。

家中の引き出しや押入れ、棚や箱の中などを探して、銀行の通帳や証券会社の口座情報、生命保険の証券や印鑑、キャッシュカードを探し出します。

財産の持ち主がいないため、全財産を探し出せたのか、正解はわかりません。探し漏れがないようにと、なんとかすべてを探し出そうと思えば、それだけ時

間がかかります。

財産探しが一通り済んだら、次は銀行や証券口座の解約、不動産の名義変更、契約していたサービスの解約や名義変更などの手続きです。

契約していたサービスとは、電話、インターネット、水道光熱費、クレジットカード、新聞や動画配信やアマゾン、有料アプリなどのサブスク、スポーツジムや定期購入など、利用料金のかかるものすべてです。

どんなサービスを契約していたのかがわからなければ、通帳やクレジットカード・携帯電話の支払い履歴をさかのぼって、調べるしかありません。

●口座や契約しているサービスの数だけ必要な相続手続き

相続手続きは、原則、相続人しか行うことができません。戸籍謄本で相続人だと証明しつつ、会社ごとに違う書式の書類を提出していきます。いくつも口座があったり、多くのサービスを契約していたら、その数だけ手続きも書類も必要になります。

手続きは、郵送やネットでできるものもあれば、窓口でしかできないものもあります。窓口に行ったら、書類の不備があって、何度もやり直しをさせられたという経験をしている人も少なくありません。

これらのすべてを残された家族が行うことになります。

近くに住んでいたり、時間の自由が利く家族がいるならまだしも、遠方に住んでいたり、仕事や育児に忙しい子であれば、**なんとか時間を捻出し、交通費をかけて何度も足を運んで財産を探し、手続きをすることになる**のです。

親の相続手続きで、大変な思いをしてきた人をたくさん見てきました。

せめて親御さんが財産整理をし、必要な情報を家族に残してくれていたら、こんなムダな労力をかけなくてよかったのに……と思うことが多々あります。

是非、この本を使って、大切な子どもたちに迷惑をかけないための、相続対策を行っていただきたいと思います。

2 わり切れない財産や想いを巡り家族がいがみ合う「争族地獄」

「うちには大した財産もないし、子どもたちもいい子で仲がいいから、相続対策なんて必要ない。自分が死んだら、法定相続分通り分ければいい」。

皆さん、このセリフをどう思いますか？　「その通り！」と思う方も多いのではないでしょうか。実際私も、このようなセリフを何度も耳にしてきました。

でも、正直言って、このセリフは「ツッコミどころ満載」です。

●「財産なんてそんなにない」ほうが危ない！

遺産争いをするのは、財産がたくさんある家だけ、と思っている方は多いです。

でも、実は遺産額が少ないほうが遺産争いになりやすいという統計があります。

2023年に起こった相続争いの調停・審判は1万3872件。

このうち遺産分割を巡る争いでは、【遺産額1000万円以下の家庭】が33・9％、【1000万円を超えて5000万円以下の家庭】が43・6％と、**「争族」の8割近くが遺産5000万円以下の家庭で起きている**のです。

財産が少ない家のほうが遺産争いが多い理由はいくつか考えられますが、その一つは「資産家は相続対策が必要だと考え、実行している人が多いが、財産が少ない人は相続対策が不要だと思い、放置している人が多い」からだと私は思っています。

●「子どもたちはみんないい子」でも、割り切れない想いはある

小説やドラマなどでみる相続争いは、「自分勝手で欲張りな誰かのせいでトラブルになった」というように描かれることが多いですよね。でも、**実際は、全員が「いい人」であったとしても、遺産分割は揉めるもの**なのです。

たとえば、3000万円の現金を3人で分けようとした場合、赤の他人同士なら、1000万円ずつ分ければ、誰も文句なくスッキリ解決でしょう。「法定

相続分通り分ければいい」という考え方は、赤の他人同士なら問題なしだろうと思います。

しかし、これが相続財産で、家族で分けるとなると、問題はそんなに簡単に解決しません。

「姉さんは昔から親にかわいがられて、えこひいきされていた」。

「弟は家のことなんて何もしないで、親の面倒は全部姉の私にやらせていた」。

「兄さんの子の学費を、父さんが出していた」。

……などなど、**わり切れない想いが、各人にある**ものです。

これらの言い分や想いを加味しながら、誰がいくらもらうのが「正解」なのかを決めていくのは大変な作業です。他人にはうかがい知れない複雑な感情、長い歴史が、家族の間には脈々と流れているからです。

こういった想いも整理しながら行う遺産分割は「法定相続分で！」などと簡単にはわり切れない、辛い作業です。

●面倒で辛い作業を、先延ばしにしない

そもそも、何故、自分の財産の分け方を決めるのが億劫（おっくう）なのでしょうか？

「正直言って面倒くさい」と思っているからではないでしょうか？

自分の財産の全容と価値を把握して、みんなが納得するような公平な分け方を決めるのは確かに面倒くさい作業です。しかも、そんな思いをして決めた分け方に家族が満足せずに、文句を言われたら……。そりゃあ、「自分が死んだら法定相続分でもなんでも、適当に分けてくださいよ！」と言いたくなる気持ち、わからなくもありません。

でも、自分が面倒くさいと放置してしまえば、それを自分の死後、家族がやることになるのです。

財産の全容を把握するのも本人でなければわからないことだらけ。しかも、遺産の分け方も、**もらう人同士の話し合いで決めるのはさらに困難**でしょう。

相続対策がされておらず遺言書もなかったばかりに、相続争いになり、仲の良かったきょうだいが絶縁状態になったご家族を無数に見てきました。

財産の持ち主として、親として、残される家族が死後もずっと仲良くいられるように、是非準備していただきたいと思います。

まるで突然ふりかかる「借金」！実は、恐ろしい「相続税地獄」

皆さんは、ご自分の財産に相続税がいくらかかりそうか知っていますか？「相続税？ うちには関係ないな」と読み飛ばそうとしている方、「ちょっと待った！」です。

国税庁の「相続税の申告事績の概要」では、2022年に亡くなった人のうち、相続税の課税対象となった人は15万人超で、亡くなった人のうちの9・6%。地価や株価の上昇等をうけ、相続税の対象となる人は増え、今や**10人に1人が相続税の対象**となっています。

特に都市部の地価は上昇率が高いため、東京23区のみでいえば、5人に1人が相続税の対象です。親から相続したり、昔に買った土地がある、という人は知らない間に財産額がふくれあがっている可能性もあります。

相続税は対策しないと恐ろしい税金

言わせていただければ、皆さん相続税に無防備すぎます。

相続税は放っておくと怖い税金です。親から相続した土地の相続税を払うために、身ぐるみはがされた子どももいます。そこまで大事にいたらないとしても、相続税がかかるかどうかを事前に確認し、対策しておくメリットは大きいです。

相続税は、死亡した人の財産にかかりますが、税金を払うのは、財産をもらったご家族です。いくら支払うのかは、支払う側が計算して税務署に申告することになっています。相続税の申告と納付はともに相続が起きた日の翌日から10か月以内で、納付の方法は「現金一括払い」です。

相続税が怖い理由の一つが、この「10か月以内に現金一括納付」という決まりです。

たとえば、今日、親が亡くなったとしたら、ご家族は10か月後には相続税を耳をそろえて支払わなければいけないのです。

「そんなこと急に言われても、いくら払えばいいかもわからないし、お金だって用意できないかもしれない」などと文句をいっても無駄です。

相続税は、相続が起きるまでは、支払期限も正しい支払額もわかりません。でも、相続が起きると10か月以内に支払い義務が発生するという、国に対する「潜在的債務（借金）」なのです。

いつまでにいくら払えばいいかわからない借金なんて、聞いたことありませんよね。

たとえば銀行のローンなら、借入金額はもちろん、現在の借入残高もすぐに確認できますし、たいていは無理のない返済計画を組んでいるので返済に困ることもあまりありません。

でも、相続税は違います。相続が起きてはじめて支払期限が明らかになります。そして**期限内に支払えなければ、年利8・7％（令和6年現在）という高利貸し並みの利息（延滞税）がかかります（最初の2か月は年利2・4％）。**

そもそも、いくら払えばいいのかだって、国は教えてくれません。

相続税は支払う側が計算して税金の額を決めるといいましたが、「よくわからないから適当に計算すればいいや」なんてことが許されるわけではありません。

大袈裟にいえば、1円の単位まで、すべての財産を税務署に申告しなければいけないのです。

そして万が一、申告漏れや計算ミスがあれば、残されたご家族が税務署からペナルティを科されてしまいます。

相続税対策は効果が出やすい対策

このように、相続税は「コワイ債務」です。そんな債務を背負わなければならない、残された家族の負担はいかばかりか……。だからこそ、どんな財産があるのか、相続税がかかるのかどうか、かかるとしたら払うべき相続税はどのくらいか、家族が現金で一括で支払えるのかなど、事前に把握しておいてほしいのです。

もし確認の結果、相続税がかからないことがはっきりすれば、家族も安心です。もし、**相続税がかかることがわかれば、必要に応じて対策を行いましょう。**

相続税対策は、比較的効果の出やすい税金対策です。早めに行うに越したことはありません。

4

最短5日の相続対策で、死後も永遠に子どもに感謝される

対策をしないまま相続を迎えると、残された家族が「手続き地獄」「争族地獄」「相続税地獄」などの沼にハマり、悲惨な想いをする、という話をしてきました。これは決して誇張ではなく、**どこの家庭でも起こりうる**ことです。

私自身も母の相続の時に経験しましたが、あちこちの金融機関に口座があったり、不動産の書類が見つからなかったり、整理されていない重要かどうかもわからない書類が山積みになっていたり、解約しなくてはいけない契約関係の連絡先を一つずつ探したり……、ゴールの見えない作業を前に、途方もない徒労感を感じたものです。

「なんでわかるように、整理しておいてくれなかったんだろう。これじゃ時間がいくらあっても足りないよ……」とちょっぴり母を恨めしく思ったりもしました。

もし、母が「自分の死後、子どもたちが困らないように」と財産関係の書類の整理をし、遺産の分け方を決めた遺言書を残してくれていたなら、「お母さん、さすが！　私たちのことをここまで考えてくれて、ありがとう！」と（大げさではなく）感動していたと思います。今、ちょっと想像しただけでも、母への感謝で胸が締め付けられるほどです（実際は、そうはしてくれなかったのですが）。

まずは5日間で本書の順番通りにやってみよう

とはいえ、「相続」なんて、自分が死んだ後のことを考えるのは気が進まないと思われる気持ちも、よくわかります。しかも、何をすればいいのかも、手順もわからないのに「相続対策したほうがいいですよ」などと言われても、重い腰をあげることなんてできませんよね。

では、５日で相続対策ができるとしたらどうでしょう？

「それなら、やってみてもいいかな？」と思ってもらえるのではないでしょうか。

この本は、「相続対策はやったほうがいいのはわかっているけれど、やり方もわからなければ、いつやればいいのかもわからない」という方に向けた本です。

今までの相続対策本では、対策の必要性や内容・効果については書かれていても、「どんな手順で」「具体的にどう進めればいいのか」がわかりませんでした。

しかしこの本では、普段私がお客様の相続対策をする時の手順をもとに、相続の知識があまりない方でも、**本のステップ通りに進めていけば、たった5日間で一通りの相続対策ができる**ようになっています。とにかく具体的に、わかりやすく、無駄な手間ははぶきながらできるように工夫しました。

５日間で相続対策を完了させることにこだわったのは、少しずつ（というかダラダラ）進めていては、必ず途中で続かなくなってしまうから。

「やるぞ！」と決めたら、５日間は相続対策に集中してください。財産関係の資料が送られてくる6月や12月の後（正月休みや夏休み）は最適です。もし、５日間まとまった時間が取れない場合は、間が空いても構いませんので、５日間のスケジュールを押さえてから始めるとよいでしょう。

ご夫婦の場合、どちらの相続が先になるかは誰にもわかりませんので、お二人それぞれに対策されることをおすすめします。

●家族の意見も聞きながら

相続対策を進めていることは家族には、話してあげてほしいと思います。できれば、遺産分割については、家族の意見も聞いてください。

多くの子どもたちは、親の相続について気にはしながら言い出せずにいます。「親に相続の話をするのは、気が引ける」「財産を狙っているのではないかと思われるのはいや」こういった声をよく耳にしてきました。

相続対策を親が自らすすんでやってくれたら、親の気持ちをありがたく思うでしょう。これをきっかけに、家族でいろいろな話ができるといいと思います。

次のページからの「この本の使い方」を読んでいただいたら、早速、「5日間」の相続対策に取り組んでいきましょう。

この本の使い方

1
最後までざっと読んだら自分用のノートを用意

本書をざっと最後まで読んで「相続対策」のイメージをつかんだら、実際に5日間でご自身の相続対策に取り組んでいきましょう。

まず、A4サイズくらいの大学ノートを1冊用意してください。

本書の解説に従って、このノートに、あなたの財産の情報など、相続対策に必要な事項をすべて書き出し、相続税の計算や、遺産分割のプランニングをしていきます。このノートがご自身の「相続対策ノート」になります。

市販の「エンディングノート」ではなく、普通のノートを使うのは、書く内容を自分仕様にカスタマイズできるからです。

家族に見られたくない人やセキュリティが心配という人も、普通のノートのほうが見つかりにくく安心です。

「ノートに手書き」ではなく、PCで作成・管理したいという方は、p212のQRコードからエクセル表をダウンロードすることもできます。

やりやすいほうで、ご自身の相続対策ノートを作ってください。

ずっと残すものなので、書きやすく、好みのノートを選ぼう

2 1～4日目でノートに記入 5日目に遺言書を作成

相続対策を始める日程を決めたら1日目から4日目の解説を読みながら、あなたの「相続対策ノート」に必要事項を書き出していきます。

本書の基本編は、まず一般論としての解説があり、その後に、読者代表として山田太郎さんのノートのサンプルが載っています。両方を参考にして、書き込むべきポイントを確かめ、あなた自身の情報をノートに記入（あるいはPCに入力）していきましょう。

サンプルの山田さんのノートはきれいな表になっていますが、自分がわかりさえすれば、書式は自由で大丈夫。

また資料を探したり、調べたりする必要があったら、チェックしておいて先に進みましょう（挫折しないための対策）。

4日目までで財産の整理と、遺産分割と節税のプランニングを行い、5日目で遺言書を作ります。

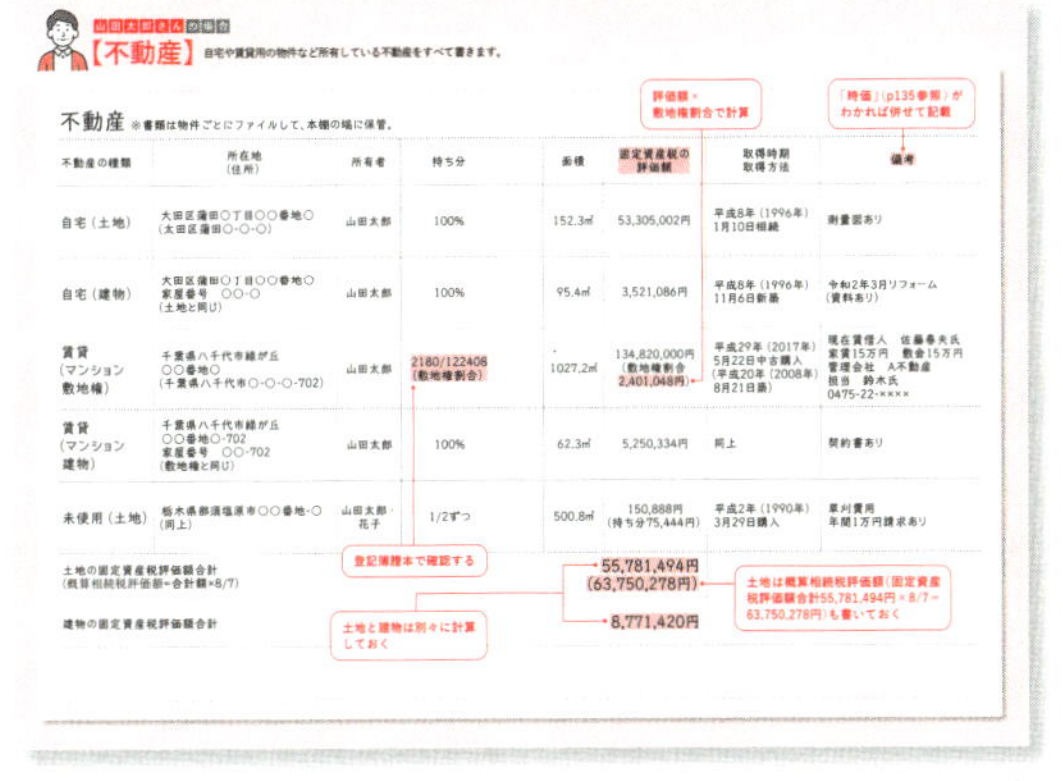
山田太郎さんの場合
【不動産】自宅や賃貸用の物件など所有している不動産をすべて書きます。

不動産 ※書類は物件ごとにファイルして、本棚の端に保管。

不動産の種類	所在地（住所）	所有者	持ち分	面積	固定資産税の評価額	取得時期 取得方法	備考
自宅（土地）	大田区蒲田〇丁目〇〇番地〇（大田区蒲田〇-〇-〇）	山田太郎	100%	152.3㎡	53,305,002円	平成8年（1996年）1月10日相続	測量図あり
自宅（建物）	大田区蒲田〇丁目〇〇番地〇 家屋番号 〇〇-〇（土地と同じ）	山田太郎	100%	95.4㎡	3,521,086円	平成8年（1996年）11月6日新築	令和2年3月リフォーム（資料あり）
賃貸（マンション敷地権）	千葉県八千代市緑が丘〇〇番地〇（千葉県八千代市〇-〇-〇-702）	山田太郎	2180/122408（敷地権割合）	1027.2㎡	134,820,000円（敷地権割合 2,401,048円）	平成29年（2017年）5月22日中古購入（平成20年（2008年）8月21日築）	現在賃借人 佐藤春夫氏 家賃15万円 敷金15万円 管理会社 A不動産 担当 鈴木氏 0475-22-××××
賃貸（マンション建物）	千葉県八千代市緑が丘〇〇番地〇-702 家屋番号 〇〇-702（敷地権と同じ）	山田太郎	100%	62.3㎡	5,250,334円	同上	契約書あり
未使用（土地）	栃木県那須塩原市〇〇番地-〇（同上）	山田太郎・花子	1/2ずつ	500.8㎡	150,888円（持ち分75,444円）	平成2年（1990年）3月29日購入	草刈費用 年間1万円請求あり
土地の固定資産税評価額合計（概算相続税評価額＝合計額×8/7）					55,781,494円（63,750,278円）		
建物の固定資産税評価額合計					8,771,420円		

サンプルの山田さんのノートを見れば、何を書いておけばいいのかが具体的にわかる

3
家族にも情報共有 ノートは毎年更新する

相続対策ノートと遺言書を完成させたらご家族に情報を共有しておきましょう。

財産額も気持ちも日々変わりますから、ノートは1年に1度は見直し、変化があった部分だけ、書き加え、更新していきましょう（PCで管理する人は上書きして新しいファイルを作ります）。

1冊ノートを書き終わったら、次のノートを作り、全て保存しておきます。

万が一のときのために、ノートや遺言書のありかは家族の少なくとも1人には伝えておきましょう。

本書に登場する「山田太郎さん」一家

山田太郎
（本人／70歳）
定年退職後、
シニア起業した

山田花子
（妻／65歳）
専業主婦

山田一郎
（長男／38歳）
会社員、既婚、
子1人

田中一美
（長女／35歳）
会社員、既婚、
子なし

では、次の章から、山田太郎さんと一緒に
あなたもご自身の相続対策を進めていきましょう！

基本編

5日で
相続対策

基本編では1～5日目まで、
それぞれの日にやるべきことが書かれています。
それに従ってToDoをこなしていくと、
自動的に一通りの相続対策ができて、
遺言書も作れます。

1日目

「財産」をリストアップ

あなたは今、自分の財産額がわかりますか？
1日目はまずそのリストアップから。
預貯金、有価証券、不動産、生命保険……。
どの資料を見て、どの数字を書き出せばいいのか、
チェックポイントをお伝えします。

DAY 1

STEP1 「預貯金」の情報を書き出す

STEP2 「預貯金以外の金融資産」を書き出す

STEP3 所有している「不動産」の情報を書き出す

STEP4 「保険」の情報を書き出す

STEP5 「公的年金・企業年金等」を書き出す

STEP6 「その他の財産」をすべて書き出す

STEP7 「マイナスの資産」を書き出す

STEP1

「預貯金」の情報を書き出す

通帳・ネット口座情報を集め、整理してノートに書く

まずは、すべての銀行口座の通帳を手元に集めてください。通帳のないネット口座は、口座の情報や残高のわかる部分を印刷するなどして、確認できるようにしてください。通帳のないネット銀行は、後から家族が探し出せない可能性が高い財産です。忘れないように、ピックアップしてください。

すべてを集めたら42〜43ページの山田さんのサンプルを参考にして、口座ごとにノートに必要事項を記載していきます。

記載する際、通帳に合番をふっておけば、表との突合がしやすいですし、2年目以降の更新時に、「合番」と「残高」「備考」等の変更事項だけをノートの次の見開きなどに書き加えていけば済むのでおすすめです。

なお、必ず記載すべきものは**「口座の情報（金融機関名・支店番号・口座番号）」と「暗証番号」「ネット口座のID・パスワード等」「残高」**です。

●「暗証番号」を知られたくない方は

「暗証番号は知られたくない」という方もいるかもしれません。

ただ、自分が病気やけがで突然倒れてしまった場合でも、あらかじめ必要な資金を引き出すように指示しておき、「暗証番号」を教えておけば、子どもや家族が必要な資金を引き出すことができます。

入院費や介護費用、その間の生活費などすべてを子どもが立て替えるのは大変です。

「全部を書き出すのは不安……」というのであれば、「万が一のときに緊急的に使う口座」を決めて、その口座の「暗証番号」だけでも記載しておきましょう。

同様にネット口座にログインするための「ＩＤ・パスワード」や取引に必要な取引ＩＤ」なども記載しておきましょう。自分の備忘録としても使えます。

「残高」は、3日目の「相続税の確認」や4日目の「遺産の分け方を決める」ためにも必要です。通帳記帳をして現時点の残高を確認しましょう。

ここで把握すべき残高とは、普通預金、定期預金、外貨預金といった「預貯金の残高」です。外貨預金は、記載した日の為替レート(TTB……外貨を買う時のレート)で円換算します。為替レートは銀行のHPなどで確認できます。

最近は、銀行でも投資信託などの運用商品を扱っていますが、それらはSTEP2(預貯金以外の金融資産)で確認しますので、ここでは書きません。

●「備考」欄に書くべきことは?

なお、各口座の枠の最後に備考欄をとっておきます。ここには、「口座の用途」「代理人制度について」「印鑑の情報」「保管場所」等を書きます。

「口座の用途」としては、「クレジット引落」「電話・水道光熱費」「年金」「株の配当」など定期的に引き落とされたり入金されるものを記載してください。

相続後に、うっかり口座を解約してしまうと、クレジットカードや水道光熱費の支払いができなかったり、株の配当が受けられなかったり、ということが起こりえます。そうなると、後々余計な手間がかかることになるのです。

あらかじめ引落や入金などの情報がわかれば、それらの解約・変更手続きをした後に口座を解約できるので、手続きがスムーズに行えて安心です。

「代理人制度」とは、口座の名義人が寝たきりや認知症になった場合などに備え、本人に代わって口座の取引ができる「代理人」を指定するサービスで、多くの金融機関が採用しています。口座は、原則本人以外は取引行為（入出金・解約等）ができないので、**万一の場合に備え、代理人を指定しておくと便利です。**もしまだしていないなら、この機会に銀行に確認し設定しましょう。

「印鑑」もここで整理しましょう。印鑑がわからない場合は窓口に行って確認し、いくつもの印鑑を使っていた場合は、できれば一つに集約してください。二つ以上の印鑑がある場合は「A印鑑」「B印鑑」といった記号などで管理するのがおすすめです。

通帳やカード・印鑑の「保管場所」も忘れずに記載してください。

●これを機に口座の整理も進めよう

２０００年以降、金融機関の統廃合が行われ、銀行名や支店名が変わっていることが多々あります。昔の銀行名の通帳しかない場合、現在の銀行名・支店名を確認しましょう。銀行名はネットで検索できます（左の表も参照）。支店名がわからない場合は、最寄りの支店等に電話で確認してみてください。

10年以上使っていない口座は「休眠預金」となって、すべての取引ができなくなっている可能性がありますが、手続きをすれば再び使えるようになります。手続きの方法や必要書類等は、口座のある金融機関に問い合わせてください。

相続後、家族が銀行口座の解約をするのは一苦労です。苦労して解約したら残高がほとんどゼロだったということのないよう、これを機に**不要な口座は整理し、スリム化しましょう。**

解約が面倒であれば、全額引き出して、通帳の表紙に「残高ゼロ終了」と書いておいてください。なお古い通帳も、できれば10年分は捨てずに持っていてください。相続税の申告などで必要になることがあります。

● 銀行の今の名前と昔の名前

今の名前	昔の名前
みずほ銀行	第一勧業銀行・富士銀行・日本興業銀行
三菱UFJ銀行	東京銀行・三菱銀行・東京三菱銀行・三和銀行・東海銀行・UFJ銀行・三菱東京UFJ銀行
三井住友銀行	太陽神戸銀行・三井銀行・太陽神戸三井銀行・さくら銀行・住友銀行
りそな銀行（埼玉りそな銀行）	埼玉銀行・協和銀行・協和埼玉銀行・あさひ銀行・大和銀行

ネット銀行にアレルギーのある方もいるかもしれませんが、ネット銀行は振込手数料等も安く、銀行やATMまで行かなくても家で手続きができるので、便利です。年齢を重ねると天候や体調で外出が大変な時もあるので、ネット銀行を一つ持っておくのは、おすすめです。

子どもたちにとっても親に代わって振込をする時など、ネット銀行なら、ID・パスワードがあればすぐに手続きができるというメリットもあります。

重要書類のありかを家族がわかるように書いておく

用途・指定代理人の有無、印鑑情報などを書く

ネットID パスワード	残高	備考
yamada@××.co.jp 3535	3,005,201円	・年金口座　生活費口座 ・クレジットカード引落 ・指定代理人:山田一郎（一郎に確認済み）
yamada@××.co.jp 3535	5,000,000円	1年満期　満期日2025年3月31日
ネットなし	550,444円	投資信託口座あり
ネットなし	17,426.6ドル （2,756,888円）	米ドル建て預金 平均1ドル=105円で購入 2024年12月25日時点　1ドル=158.2円
ネットなし	1,234,456円	事業用口座 （口座名義）山田太郎事務所　山田太郎
yamada@××.co.jp 3535 （取引パスワード） Yamada3535	3,987,645円	証券会社の入出金用 配当金が入ってくる 振込手数料が安いので、振込の時に利用
ネットなし	100,880円	・かんぽ保険料引落　・印鑑はBを使用
ネットなし	3,000,880円	自動更新中最大2030年6月30日まで ・印鑑はBを使用
ネットなし	30,890円	名古屋転勤時に作った給与口座 解約予定
	19,667,284円	外貨建て預金含む

外貨預金は為替レートも書いておく

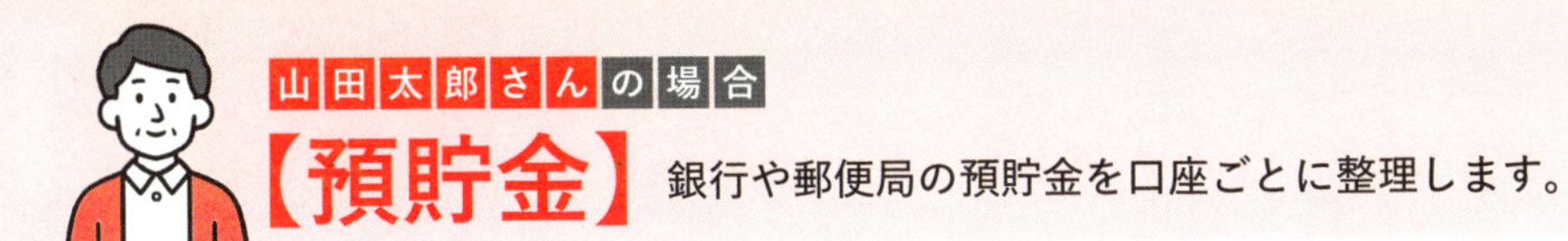

【預貯金】

銀行や郵便局の預貯金を口座ごとに整理します。

預貯金

※通帳は黒い引き出し、カードは透明の財布に保管。基本は印鑑Aを使用

金融機関名	支店・番号	種類	口座番号	暗証番号
①○○銀行	蒲田・015	普通	237××××	12××
② 〃	蒲田・015	定期	237××××	12××
③○○信託銀行	新宿・006	普通	337××××	12××
④ 〃	蒲田・015	外貨	237××××	12××
⑤○○信用金庫	大井町・022	普通	157××××	12××
⑥○○ネット銀行	本店・001	普通	303××××	12××
⑦ゆうちょ銀行	蒲田・330	通常	523××××-1	48××
⑧ 〃	蒲田・330	定額	523××××-2	48××
⑨○○銀行	名古屋中央・002	普通	898××××	45××

残高（2024年12月25日現在）

各口座には合番をふり、通帳や資料にも同じ番号を書いておく

STEP2

「預貯金以外の金融資産」を書き出す

株・投資信託・債券・暗号資産等の証券会社や取扱会社をチェック

ここで確認する預貯金以外の金融資産とは、株式や投資信託・債券といった有価証券（NISA含む）、FX、暗号資産などです。**証券会社の口座にある現金（MMF）も、手元にある現金（タンス預金など）もここに入れます。**

iDeCoは、STEP5（公的年金・企業年金等）で把握します。

●個別の銘柄までは記載しなくてOK

まずは有価証券（株式・投資信託・債券・MMF）を確認していきます。

ネット取引をしていない証券会社であれば、**定期的に（年4回程度）送られてくる「取引報告書」の最新版を用意してください。**ネット取引をしている証券会社なら、最新の保有内容（残高）がわかるページを印刷するなどしてご用意ください。単元未満株式や株券電子化前から持っていた株で、証券会社以外で保管されている「特別口座」がある場合は、その資料もご用意ください。

では、48~49ページの山田さんのサンプルを例に記載していきましょう。ノートに記載するのは、「口座の情報（金融機関名・支店・番号）」と、特定口座（源泉あり・なし）・一般口座・NISA口座といった「口座種類」、「お客様番号」「暗証番号やネットのパスワード」などの取引に必要な情報と「残高」、担当者や連絡先・配当の受け取り方などの「備考」です。

「残高」は、取引報告書に記載されている口座内の保有残高、ネットで確認した証券口座内の保有残高を記載してください。外貨建てのものは、預貯金同様、記載日の為替レート（TTB……外貨を買う時のレート）を使って円換算してください。

商品等の詳細については記載不要ですが、内容が確認できるよう「取引報告

書」「残高報告書」等については、常に最新版をファイリングしておくことをおすすめします。最新のものをファイルしたら、古いものは破棄して結構です。

この機会に証券会社を絞っていく

複数の証券会社で取引をしている方は、できればこの機会に、証券会社を一つないし二つ程度に絞っていくことを検討してください。

相続後、証券口座を解約するのは、実は銀行口座の解約以上に面倒です。

銀行口座は手続きが完了すれば、故人の口座から残高を引き出すこともできますし、他の銀行の口座に送金することもできます。

しかし証券口座はほとんどの場合、相続する人が同じ証券会社に口座を持っていないと手続きができません。故人の証券口座から同じ証券会社にある相続人等の口座に商品を移管してはじめて、解約や売買ができるのです。

仮に5つの証券会社の口座を相続するとなると、相続人は5つの証券会社に自分の口座を作らなければなりません。私も経験がありますが、これはメチャクチャ大変！　是非とも証券会社は必要最低限に絞っていただきたいと思います。

ＦＸや、ビットコインなどの暗号資産（仮想通貨）も、情報がなければ見つけにくい財産です。また、取引に必要なＩＤやパスワードがわからないと相続人が引き出せない可能性も大。これらの情報も漏れなく記載しておいてください。

●手元現金の額も忘れず書き出す

手元に持っている現金（タンス預金含む）の情報もここで記載します。時々「タンス預金は（税務署に）バレないのでは？」という質問を受けますが、税務署の調査能力は侮れません。そもそも財産を隠す行為は「脱税」です。**「脱税」がバレて痛い目にあうのは、財産を引き継ぐ家族です。**大事な家族に嫌な思いをさせないためにも、現金の情報もしっかり記載しておきましょう。

会社経営者などの保有する非上場株式については、ＳＴＥＰ６（その他の財産）で確認します。

の金融資産を手元現金(タンス預金)も含めて全て書きます。

特定口座の場合は源泉徴収の有無も書く

取引報告書・担当者・連絡先などを書く

ネットID パスワード 暗証番号	残高(残高日)	備考
ネットなし (暗証番号)3535	6,392,000円 (2024年9月30日付取引報告書にて)	担当:営業2部田中●×氏 090-0000-0000 ・取引報告書3ヵ月ごと(3・6・9・12月) ・主に株取引に使用だが、米国債(2030年5月31日償還)あり
yamada@iine.co.jp 3535	1,200,333円 (2024年12月25日ネットにて)	・NISA口座として利用・投資信託あり ・高配当外国株あり(配当金はネット銀行へ) ・○○ネット銀行と紐づいている
yamada@iine.co.jp 3535	560,002円 (2024年12月25日ネットにて)	・投資信託をすすめられて購入 ・取引報告書3ヵ月ごと(4・7・10・1月)
(取引パスワード) Yamada3535 ネットなし (暗証番号)3535	893,711円 (2024年9月30日付取引報告書にて)	・担当者不明:支店　03-0000-0000 ・投資信託を買ったまま放置(売却したい) ・取引報告書3ヵ月ごと(3・6・9・12月)
	9,046,046円	

売却の希望があれば書いておく

残高	備考
1,000,986円 (2024年12月25日現在)	連絡先0120-×××—×××
2,000,000円 (2024年12月25日現在)	金庫に保管
3,000,986円	

山田太郎さんの場合

【有価証券・その他の金融資産】預貯金以外

有価証券 ※取引報告書等の書類は黒い引き出しに保管。

金融機関名	支店・番号	口座種類	お客様番号等
①○○証券	新宿・011	特定口座（源泉有）	054-××××
②○○ﾈｯﾄ証券	本店・001	特定口座（源泉有） NISA口座あり	324-××××
③○○信託銀行	新宿・006	特定口座（源泉有）	181-337××××
④○○証券	蒲田・009	一般口座	990-××××

残高（2024年12月25日現在）

その他の金融資産（FX・ビットコイン・手元現金等）

種類・名称・内容	取り扱い会社	ネットID/パスワード
ビットコイン	○○株式会社	ID　×××× パスワード　×××
手元現金		

残高（2024年12月25日現在）

10万円以上ある場合は書いておく

STEP3

所有している「不動産」の情報を書き出す

土地・建物を書き出し、評価額も調べてみる

不動産とは、土地・建物のこと。実は、借りている土地（借地）も相続の対象になりますが、借地については、発展編で説明します。

●「固定資産税の納税通知書」を用意

お手元に「固定資産税の納税通知書」をご用意ください。納税通知書は、不動産のある市区町村から、毎年4～5月頃、郵送されてきます。

また、状況に応じて、次の資料もご用意ください。

・複数人で共有している場合・マンションの場合：登記簿謄本（登記情報でも可）
・貸している不動産がある場合：賃貸借契約書
・山林など評価が低く固定資産税がかからない土地がある場合：登記簿謄本（登

記情報でも可）

不動産の登記情報は、「登記情報提供サービス」（https://www1.touki.or.jp/beginner/index.html）でも確認できます（有料）。

ノートに記載するのは、「不動産の種類」と「所在地・住所」「所有者」「持ち分」「面積」「固定資産税の評価額」「取得時期・取得方法」「備考」です。

「所在地」と「住所」は似て非なるものです。住所は、郵便物の宛先などに用いられる住居表示。所在地は、不動産が存在する場所を表します。**所在地は、固定資産税の納税通知書の「土地・家屋の所在」や「所在地番」の欄に記載**されています。家屋の場合は、家屋番号も記載します。遺言書を書くときや登記をするときなどに所在地や家屋番号が必要となります。必ず両方記載してください。

不動産を複数人で共有している場合は、所有者全員の名前とそれぞれの「持ち分」を記載します。共有している不動産の固定資産税の納税通知書は、宛先に「山田太郎　他〇名」や「山田太郎（共有者あり）」というように記載されて、

記載内容等については、同封のチラシをご覧ください。

小規模地積㎡ 一般住宅地積㎡ 非住宅地積㎡	負担水準(%) 固定	負担水準(%) 都計	固定小規模課標円 固定一般住宅課標円 固定非住宅課標円	都計小規模課標円 都計一般住宅課標円 都計非住宅課標円	小規模軽減額(都)円 減額税額(固・都)円 減免税額(固・都)円	摘要
61.18	87	87	4,545,618	9,091,237	13,637	都市計画税軽減 小規模住宅用地
33.88	87	87	2,517,252	5,034,505	7,552	都市計画税軽減 小規模住宅用地
					7,170	共用土地 都市計画税軽減 小規模住宅用地

マンション全体の価格

登記床面積㎡ 現況床面積㎡	価格円	固定課税標準額円 都計課税標準額円	固定資産税(相当)額円 都市計画税(相当)額円	減額税額(固)円 減免税額(固・都)円	摘要
95.63		7,401,700	103,623		
99.77	7,401,700	7,401,700	22,205		
68.88		10,617,800	148,649		
104.54	4,792,928,800	10,617,800	31,853		

家屋の固定資産税評価額はこちらを使う

印字されている場合は、マンション等の区分所有家屋が分割課税されている場合を表しています。
割合等によりあん分した額を表示しています。

代表者のところだけに届きます。自分以外が代表者の場合は、代表者からら納税通知書のコピーをもらうか、不動産のある市区町村役場（東京23区の場合は都税事務所）で「固定資産評価証明書」を取得してください。

納税通知書や固定資産評価証明書には原則、共有者の持ち分は記載されていません。**共有者や持ち分がわからない場合は、登記簿謄本で確認します。**

マンションの敷地の持ち分は、登記簿謄本に記載されている敷地権割合を確認します（p55参照）。

「固定資産税の評価額」は固定資産

● 固定資産税納税通知書の例

令和 6 年度固定資産税・都市計画税課税明細書

本年度課税された、1月1日現在あなたが所有している固定資産（土地・家屋）の明細をお知らせします。

土地の所在	登記地目 現況地目 非課税地目	登記地積 ㎡ 現況地積 ㎡ 非課税地積 ㎡	価格 円 固定本則課税標準額 円 都計本則課税標準額 円	固定前年度課標等 円 固定課税標準額 円 固定資産税（相当）額 円	都計前年度課標等 都計課税標準額 都市計画税（相当）額
■■■■■	宅地 宅地 	61.18 61.18 	29,366,400 4,894,400 9,788,800	4,300,898 4,545,618 63,638	8,601,797 9,091,237 13,636
■■■■■	宅地 宅地 	33.88 33.88 	16,262,400 2,710,400 5,420,800	2,381,732 2,517,252 35,241	4,763,465 5,034,505 7,551
■■■■■ マンション	宅地 宅地 その他	30,291.75 30,274.95 16.80	27,380,664,780 4,563,444,130 9,126,888,260	 2,390,027 33,460	 4,780,054 7,170

家屋の所在	区分家屋 物件番号	家屋番号	種類・用途 建築年次	構造 屋根	地上 地下
■■■■■	 ■■	■■■■	居宅 令 1年	木造 陸屋根	2 0
■■■■■ マンション	2 ■■	■■■■■ ■■	居宅 平 5年	鉄骨筋・骨 陸屋根	1 0

土地の固定資産税評価額はこちらを使う

※納税通知書（1枚目）の課税標準額及び税額は端数処理をしていますので、この明細書の合計と一致しない場合があります。
※摘要欄に「共用土地」と印字されている場合は、マンション等の敷地が分割課税されている資産であることを表し、区分家屋欄に数字が
この場合の価格は、マンション等の敷地一筆全体、または家屋一棟全体の価格を印字していますが、課税標準額及び相当税額等は、持分

税の納税通知書の中に記載されているので、その数字を使います。

実際の相続税の計算では、「建物」はこの評価額を使います。「土地」は、原則的には「路線価」という各道路につけられた価格から計算します。ただ、この計算は少々難しいため、ここでは簡易的に固定資産税の評価額に8／7を乗じた金額を概算相続税評価額とします（路線価を使った評価方法を知りたい場合は230ページをご確認ください）。

共有不動産やマンションの敷地権は、自分の持ち分（●分の●）の価額も記載しておきましょう。

なお、不動産を賃貸に出している最中に相続が発生すると実際には評価額が下がりますが、複雑になるので今回のサンプルにはその評価減は加味していません。賃貸物件の評価額を知りたい場合は、179ページを確認ください。

「取得時期・取得方法」はわかる範囲で記入してください。登記簿謄本で確認できます。

「備考」にはリフォーム歴、賃貸物件の場合は、賃借人、賃料・敷金や管理会社の連絡先などを記載します。また、遺産分割を検討するときのために時価を書いておいてもよいでしょう（p135参照）。

不動産関連の書類（不動産を購入・建築・相続等したときの資料やかかった経費、リフォームの資料など）は捨てずに保管しておいてください。売却や相続のときに節税に役立つ可能性があります。保管場所もわかるようにしておきましょう。

共有になっている不動産や相続登記していない不動産がある場合、残される人に迷惑がかかる可能性があります。詳細は発展編214ページをご覧ください。

●マンションの登記簿謄本の例

表題部（一棟の建物の表示）		調製	平成9年2月6日	所在図番号	余白
所在	■■■			余白	
建物の名称	■■■			余白	
① 構造	② 床面積 ㎡			原因及びその日付〔登記の日付〕	
鉄骨鉄筋コンクリート・鉄骨造陸屋根■■■	1階 2531:29 2階 1905:10 3階 2172:84 4階 1014:20 5階 1004:94 6階 1004:94 7階 1004:94 8階 1004:94			余白 所在地	
余白	余白			昭和63年法務省令第37号附則第2条第2項の規定により移記 平成9年2月6日	

表題部（敷地権の目的である土地の表示）				
①土地の符号	② 所在及び地番	③地目	④ 地積 ㎡	登記の日付
1	■■■	宅地	30291:75	平成5年3月17日

表題部（専有部分の建物の表示）			不動産番号	■■■
家屋番号	■■■		余白	
建物の名称	1810		余白	
① 種類	② 構造	③ 床面積 ㎡	原因及びその日付〔登記の日付〕	
居宅	鉄骨鉄筋コンクリート造1階建	■階部分 68:88	平成5年2月23日新築	
余白	余白	余白	昭和63年法務省令第37号附則第2条第2項の規定により移記 平成9年2月6日	

敷地権の割合

表題部（敷地権の表示）			
①土地の符号	②敷地権の種類	③ 敷地権の割合	原因及びその日付〔登記の日付〕
1	所有権	10000000分の5599	平成5年3月2日 敷地権 〔平成5年3月17日〕

権利部（甲区）（所有権に関する事項）			
順位番号	登記の目的	受付年月日・受付番号	権利者その他の事項
1	所有権保存	■■■	■■■

評価額×
敷地権割合で計算

「時価」(p135参照)が
わかれば併せて記載

面積	固定資産税の評価額	取得時期 取得方法	備考
152.3㎡	53,305,002円	平成8年(1996年) 1月10日相続	測量図あり
95.4㎡	3,521,086円	平成8年(1996年) 11月6日新築	令和2年3月リフォーム (資料あり)
1027.2㎡	134,820,000円 (敷地権割合 2,401,048円)	平成29年(2017年) 5月22日中古購入 (平成20年(2008年) 8月21日築)	現在賃借人　佐藤春夫氏 家賃15万円　敷金15万円 管理会社　A不動産 担当　鈴木氏 0475-22-××××
62.3㎡	5,250,334円	同上	契約書あり
500.8㎡	150,888円 (持ち分75,444円)	平成2年(1990年) 3月29日購入	草刈費用 年間1万円請求あり
	55,781,494円 (63,750,278円)		
	8,771,420円		

土地は概算相続税評価額(固定資産税評価額合計55,781,494円×8/7＝63,750,278円)も書いておく

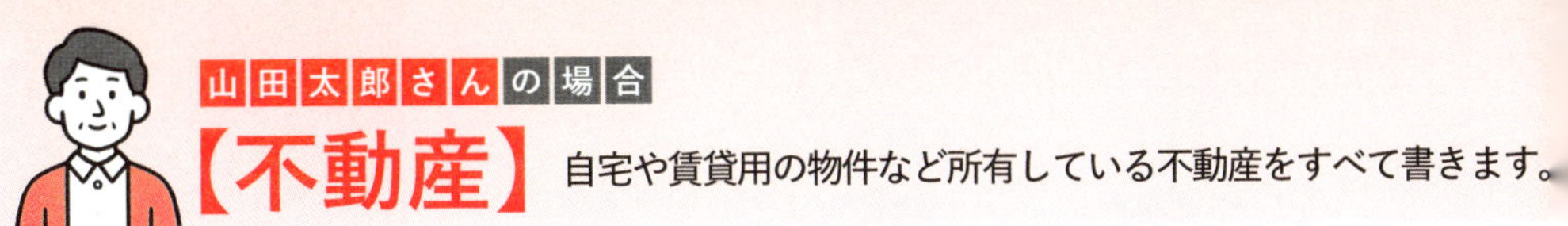

不動産 ※書類は物件ごとにファイルして、本棚の端に保管。

不動産の種類	所在地 (住所)	所有者	持ち分
自宅(土地)	大田区蒲田○丁目○○番地○ (太田区蒲田○-○-○)	山田太郎	100%
自宅(建物)	大田区蒲田○丁目○○番地○ 家屋番号 ○○-○ (土地と同じ)	山田太郎	100%
賃貸 (マンション 敷地権)	千葉県八千代市緑が丘 ○○番地○ (千葉県八千代市○-○-○-702)	山田太郎	2180/122408 (敷地権割合)
賃貸 (マンション 建物)	千葉県八千代市緑が丘 ○○番地○-702 家屋番号 ○○-702 (敷地権と同じ)	山田太郎	100%
未使用(土地)	栃木県那須塩原市○○番地-○ (同上)	山田太郎・ 花子	1/2ずつ

土地の固定資産税評価額合計
(概算相続税評価額=合計額×8/7)

建物の固定資産税評価額合計

登記簿謄本で確認する

土地と建物は別々に計算しておく

DAY 1

STEP4

「保険」の情報を書き出す

生保から損保まで。民間の「保険」をすべて集めて確認

ここでは、民間保険の情報を確認していきます。

生命保険（死亡保険）、医療・がん・介護保険等、年金保険・損害保険（火災保険・自動車保険等）・共済含めて、すべての保険証券を集めてください。

最近は保険証券をネット上で確認するペーパーレス化も進んでいますが、そういう場合も一度印刷をして手元に置いておくことをおすすめします。

証券が見つからない場合は、保険会社に連絡すると再発行してくれます。

保険は請求しない限りもらえません。保険があることや保障内容を知らなかったばかりに「もらえるはずの保険を請求しなかった」というケースは意外に多いのです。保険請求の時効は3年。せっかくの保険を無駄なく利用するため

にも加入しているすべての保険を洗い出しましょう。

●入っている保険を忘れてしまった場合

現在も保険料を払っている場合はさておき、既に払い終わっている場合、加入者本人さえ保険に加入していることを忘れてしまうことがあります。

通常は、保険会社から年に一度郵送される**「契約内容のお知らせ」で加入している保険を確認することができます**が、契約後、住所変更を届け出ていない場合や、保険会社がネットで確認する方法等をとっている場合、このお知らせは届きません。これを機に住所変更やネット登録をして「契約内容のお知らせ」が見られるようにしておきましょう。

「加入している保険すべてを把握できていないのでは」と不安に思う方は、昔の通帳の履歴から確認できることもあります。「○○保険」といった引落があれば、その保険会社に契約を持っている可能性大。履歴が見当たらなくても、気になる場合は、その保険会社に「契約している保険がないか」と確認してみましょう。本人が連絡すれば調べてくれます。

加入している保険が出そろったら、p64〜65の山田さんのサンプルを参考に、**身体にかかる「生命保険等」と自動車や家などモノにかかる「損害保険」に分けて書き出し**ます。

「生命保険等」に記載するのは、「保険の種類」「保険会社」「証券番号」「保険金額」「保険期間」「契約者（保険料負担者）」「被保険者」「受取人」「連絡先」「備考」です。「備考」には、特約の有無や支払中の保険料情報などを記載します。「損害保険」の表には「保険の種類」「保険会社」「連絡先」「備考」を記載します。

生保・損保ともに、詳細は保険証券で確認すればいいので「連絡先」や「備考」は保険証券等で確認できることは、省略しても大丈夫です。

ただし、保険の内容は、保険証券だけではわかりにくいことがあります。繰り返しになりますが、保険内容がわからないと、請求できる保険金・給付金等

● 死亡保険の受取人、被保険者、契約者（保険料負担者）

4人家族（夫・妻・子ども2人） 保険金3000万円
支払った保険料2000万円と仮定（所得税率20% 住民税率10% 相続税率10%と仮定）

契約者（保険料負担者）	被保険者	受取人	課税関係	課税金額
夫	夫（死亡）	子・妻	相続税	150万円
夫	妻（死亡）	夫	所得税	142万5000円
夫	妻（死亡）	子	贈与税	1035万5000円

3者の関係で取られる税金が**7倍以上**違う！

がわからず、損をする可能性があります。そうならないために、「契約内容のお知らせ」を使って保険内容を確認しましょう。契約内容や特約などの情報がわかりやすく書いてあります。**すべての保険証券と最新の「契約内容のお知らせ」は、一か所にまとめてファイリング**しておくことをおすすめします。

なお、生命保険は、「契約者（保険料負担者）」「被保険者」「受取人」の関係によって、かかる税金が異なります。表を参考にしてください。

上段のように、「契約者（保険料負担者）」と「被保険者」が同じ人の場合、死亡保険金は相続税の対象となります。ノートの表の下にこのタイプの「死亡保険金」の合計額を記載してください。

中段のように「契約者（保険料負担者）」と「受取人」が同じ人の場合は、保険金を受け取ると所得税の対象となり、相続税とは関係がありません。

ただし、この保険が使われる前に（「被保険者」が亡くなる前に）「契約者（保険料負担者）」が亡くなった場合は、この保険の解約返戻金相当額が相続税の対象となります（「生命保険契約に関する権利」といいます）。このタイプの保険がある場合は、表を作成した時点での解約返戻金の金額を記載してください。

解約返戻金は保険証券や「契約内容のお知らせ」などに記載されていることもあります。記載がない場合は、本人が保険会社に問い合わせると教えてくれます。

ちなみに、下段のように「契約者（保険料負担者）」「被保険者」「受取人」がすべて違う人の場合、保険金を受け取ると贈与税の対象となり、税金がとても高くなります。**このような契約になっている場合は、「受取人」を「契約者（保険料負担者）」にかえて中段の所得税タイプに変更する**ことをおすすめします。

●「家族登録制度」と「指定代理請求制度」も入っておく

保険に加入しているなら、**是非使ってほしいサービスが、「家族登録制度」と「指定代理請求制度」**です（保険会社によって名称が異なることもあります）。

「家族登録制度」とは、本人しかできない契約内容の確認などを、登録した家族もできるようにする制度です。転居で案内が届かない場合や本人との連絡が取れない場合も、登録されている家族に連絡してもらえます。

「指定代理請求制度」とは、医療・がん・介護・リビングニーズ特約・一定の条件での保険料免除など、被保険者本人が請求しなくてはいけないものでも、事前に代理人を指定しておくことで、その代理人が本人に代わって請求できるようになる制度です。

どちらも、最大限保険の活用ができるよう、登録しておくと安心です。

※保険証券や「契約内容のお知らせ」は
ファイルして、本棚の端に保管。

支払い中の保険は銀行やカード情報も書く

被保険者	受取人	連絡先	備考
太郎	一郎 一美	○○生命○○支店 鈴木氏 03-○○○○-○○○○	子ども2人に1/2ずつ
太郎	花子	蒲田郵便局 03-○○○-○○○	妻受取 老後資金にしてください
花子	太郎	○○生命○○支店 鈴木氏 03-○○○○-○○○○	お母さんの保険 私の死後は受取人を 一郎と一美に変更
太郎	太郎	○○○生命 0120-○○○-○○○	保険料支払い中　月5,200円 ○○銀行○○支店より 解約返戻金なし
太郎	太郎	○○○生命 0120-○○○-○○○	保険料払い込み終了 解約返戻金なし

保険証券と「契約内容のお知らせ」にも同じ合番をふっておく

現在）

契約者と受取人が同じ場合は解約返戻金を書く

備考
保険期間5年更新　次回更新　2026年11月16日
保険期間5年更新　次回更新　2026年11月16日
○○カードで年払い

更新年月日も書いておく

加入している民間の保険を全て書きます。

生命保険・医療保険・介護保険・個人年金等

保険の種類	保険会社	証券番号	保険金額	保険期間	契約者
①生命保険	○○生命	××-×××	死亡保険金 2000万円	終身	太郎
②生命保険	かんぽ生命	×××××	死亡保険金 1000万円	終身	太郎
③生命保険	○○生命	××-×××	死亡保険金 1500万円	終身	太郎
④医療保険	○○○生命	××××××	医療保険 詳細は証券確認	終身	太郎
⑤がん保険	○○生命	×××××××	がん保険 詳細は証券確認	85歳まで	太郎

死亡保険金（相続税対象）①② 3000万円
生命保険契約に関する権利（解約返戻金相当額）③ 1400万円（2024年12月25日

損害保険（火災保険・地震保険・自動車保険等）

保険の種類	保険会社	連絡先
①火災保険	○○損害保険	○○代理店　加藤氏
②地震保険	○○損害保険	03-○○○○-○○○○
③自動車保険	○○損害保険	同上

STEP5

「公的年金・企業年金等」を書き出す

公的年金・企業年金・iDeCo・小規模企業共済・退職金までチェック

公的年金については、年金手帳や年金振込通知書などを用意してください。年金受給者が亡くなった後、未支給の年金があった場合は、遺族が受け取ります。そのときには年金証書が必要となるので、保管場所も記載しておきましょう。

退職金を年金型で受け取る「企業年金」や「iDeCo」、自営業の方が加入する「小規模企業共済」などは、残額があれば遺族が受け取ることになります。請求漏れのないよう、加入しているものはすべて書き出しておきましょう。

「厚生年金基金」や「国民年金基金」は、請求漏れが多い年金です。まずは、現時点での請求漏れがないかを確認してみてください。請求漏れしていた場合、5年間はさかのぼって請求できます。在職中の方は、会社の連絡窓口と、退職金予定額（わかる範囲で）を記載しておきましょう。

公的年金 ※年金手帳は黒い引き出しに保管。

基礎年金番号　年金コード	××××-××××××
加入していた年金	厚生年金
受給日	偶数月の15日
受給額	184,000円/月
受取口座	○○銀行○○支店 普通預金　○○○○○○
年金事務所連絡先	大田年金事務所 03-○○○○-○○○○
備考	

年金の種類（厚生年金か国民年金か等）を書く

企業年金・厚生年金基金・財形個人年金・iDeCo等

※重要書類は黒い引き出しに保管。

年金の名称	年金番号（口座番号）	連絡先	備考
企業年金	××-××××	○○信託銀行 03-○○○○-○○○○	2015年確定年金 （退職金）
iDeCo	×××××	○○証券 03-○○○○-○○○○	ログインID ×××× パスワード ×××× ・年金型で受け取り

STEP6

「その他の財産」をすべて書き出す

車・ゴルフ会員権・貴金属・書画骨董・貸したお金・未上場株まで

ここでは、STEP5までに入らなかった、その他の財産について確認します。具体的には、自動車、ゴルフ会員権・リゾート会員権、金やプラチナなどの貴金属、美術品や骨董品など。**金銭換算できるものはすべて相続の対象になりますので、時価もできれば把握しておきたい**ところです。

人に貸しているお金（貸付金）や未上場株（証券市場で売買されない株）なども、相続の対象となりますので、一緒に把握しておきましょう。

●その他の財産についての確認方法

主な財産の確認方法について説明していきます。72〜73ページの山田さんのサンプルも参考にしつつノートに書き出してください。

自動車は、車検証でチェックします。車の種類と車検証の保管場所を記載してください。自動車の時価は、自動車査定のサイト等での同様の年式・型番の車の価格を参考にします。同じものがなかったり、サイトによって金額がぶれることもあります。そういった場合は、いくつか似たものの中間値を採用するなど、ざっくりで構いません。

ゴルフ会員権は、会員証書や購入したときの資料を参考に、クラブの名称や連絡先、書類の保管場所を記載してください。

ゴルフ会員権の売買価格は、数十万円~数千万円と高額になることが多いので、時価も確認しておきましょう。相続税の申告で使う評価額は、多くの場合時価の70%で評価します（会員権の種類や取引相場の有無によって違う場合あり）。

ゴルフ会員権の時価は、会員権の取引業者のサイトに掲載されている取引価格で確認します。サイトに取引額がない場合は、ゴルフ場に連絡して確認してみましょう。ちなみにプレー権のみの会員権は、相続税評価額はゼロです。

リゾート会員権は、購入時の書類で、名称・連絡先・購入時の書類などの保管場所を確認し、記載してください。リゾート会員権の相続税評価額もゴルフ会員権と同様に取引価格（時価）の70％です。取引価格は、会員権の取引業者のサイトで確認できます。

金やプラチナなどは、購入したときの資料で所有している種類や重量を確認します。 **購入時の資料は売却するときに必要**です。現物同様、保管場所も記載しておきましょう。

現物で所有しているもの以外に、**純金積立・プラチナ積立もここで確認**します。確認時点の重量を記載してください。時価は、貴金属業者のサイトで1グラム当たりの買取価格を確認し、それに所有しているグラム数をかけて計算します。

美術品・書画骨董やアクセサリーなどの貴金属は、時価が一つ5万円以下程度の物は、特に記載の必要はありません。それ以上の高価なものについては、相続税の申告時には、取扱業者に査定してもらって評価額を出したりします。
現時点での時価がわからない場合は、**購入した時の金額が合計で100万円程度であれば、購入金額を合計額で記載**、それ以上になりそうでしたら、一度取扱業者に買取価格を査定してもらってもいいでしょう。

人に貸しているお金（貸付金）も相続財産となります。貸付金がある人は、「貸した相手の名前」「貸した金額」「現在残高」「返済方法と期日」「証書（金銭消費貸借契約書・借用書）の有無」などを書き込んでください。証書類は重要です。保管場所も必ずわかるようにしてください。

会社を経営している人など、**未上場株式を保有している場合は、その情報もここで記載**してください。「会社名」「保有株数」「会社の連絡先」「その会社の決算申告書の保管場所」を記載します。ただし、未上場株の時価（評価額）の計算は複雑なので、税理士に相談してください。詳細は発展編218ページで説明します。

の記載も忘れずに。

備考
車検証は車のダッシュボードに保管
・預託金会員制　正会員 ・年会費○万円 ・会員証等書類は黒い引き出しに保管
相続の時には○○骨董店で査定してもらってください 03-××××-××××
購入時の資料は、金と一緒に貸金庫に保管 ・○○貴金属で購入

現物の他に純金積立などもあればここに書く

返済方法と期日	証書の有無	備考

山田太郎さんの場合

【その他の財産】

時価がわかるものは記入します。保管場所

自動車・会員権・絵画・貴金属等

名称	内容	時価
自動車	トヨタ〇〇	150万円程度 (2024年12月25日現在 自動車査定サイトで確認)
ゴルフ会員権	〇〇カントリー 千葉県〇〇市 0477-〇〇-〇〇〇〇	100万円程度 (2024年12月25日現在 ゴルフ会員権サイトで確認)
骨董品	香炉など 飾り棚においてあるもの	30万円程度と思われる
金	300グラム	400万円程度 (2024年12月25日サイトで確認 1g=13,300円)
時価合計		680万円程度

貸しているお金

貸しているお金がある場合は忘れずに記入

貸した相手の名前と連絡先	貸した日と金額	現在残高

※ゴルフ会員権の相続税評価額は、時価の70%になりますが、ここではそれを考慮していません。

STEP7

「マイナスの資産」を書き出す

借入金・連帯保証・リースなど債務をチェック

住宅ローン、自動車ローン、リース未払金の残高、不動産を貸している場合の預かり敷金・保証金なども「債務（マイナスの財産）」として相続の対象になります。

ローンのある人は「消費貸借契約書」や「返済予定表」、車やコピー機などのリース契約をしている人は、「リース契約書」や「リース料の支払い明細書」をご用意ください。

また、不動産を貸している場合は「賃貸契約書」をご用意ください。

知人・友人などからお金を借りている場合も、借りている金額や返済方法などがわかる書類・契約書をご用意ください。

ここで必ず記載しておきたいのは、**「借入先・連絡先」「現時点の借入残高」**です。**「備考」には借入の目的**を書いてください。

●団信に加入している場合は

住宅ローンで、団体信用生命保険（団信）に加入している場合は、その旨も記載しておきましょう。

団信は、通常の生命保険と違い、保険証券がありません。ローンを組んだ時の契約書に記載されているか、もしくは団信契約時に発行された申込書・しおり・加入者証などで、確認してください。不明な場合は、借入先の金融機関に問い合わせてみてください。

団信に加入していると、死亡や高度障害など万が一のことがあった場合、住宅ローンの借入残高がゼロになります。最近の団信には、死亡や高度障害以外に、三大疾病（がん・脳卒中・心筋梗塞）になった場合や介護状態になった場合に対応するもの、入院や先進医療の給付金がでるものもあります。

団信の内容を確認し、死亡・高度障害以外でも保障されるようでしたら、万が一の時に請求漏れがないよう、STEP4（保険の確認）の表に追記しておきましょう。

最後に、記載日時点の残高の合計を記入しておきましょう。団信に加入している場合は、残高の下に（　）書きで、**団信のついているローンを除いた残高（相続の対象となる残高）も記入しておきましょう。**

●保証人・連帯保証人になっている場合は

人の借入金の保証人・連帯保証人になっている場合は、その情報を記載してください。契約書の保管場所も忘れずに記載しておきましょう。

保証人とは、主債務者（実際借金をした人）が借金の返済をしなかったときに、代わりに借金の返済の責任を負う人を言います。

それに対して、連帯保証人とは、主債務者（実際借金をした人）と同じ立場で返済義務を負う保証人のことです。お金を貸している側が、主債務者に借金の返済を迫る前に、いきなり連帯保証人に借金の返済を迫ることもできるという意味では、保証人よりも責任が重いと言えます。

保証債務・連帯保証は原則としては、マイナスの財産にはカウントされません。しかし**保証人・連帯保証人の地位自体は、相続人に引き継がれます。**

たとえ、親が保証人になっていたことを知らなかったとしても、相続放棄しない限り、相続人である子が保証人となってしまい、あとあと自分には覚えのない借金の返済の義務を背負うことになりかねません。

子どもに保証人の地位を相続したくない、というのであれば、是非一度弁護士に保証人の解除について相談してみてください。

ハードルは高いと思いますが、解除できる可能性があるかもしれません。

ら、漏れなく書き出します。

団信に加入していたら必ず書く

担保の有無	借入残高	備考
有　自宅 （土地建物）	5,200,000円 （2024年12月25日現在）	・自宅のローン ・団信加入済み
なし	600,000円 （2024年12月25日）	・事務所のコピー機のリース料金 ・解約する場合は残金一括返済
なし	150,000円 （2024年12月25日）	・賃貸マンションの敷金 ・退出時に清掃費用などと相殺して返金 ・A不動産 担当鈴木氏
	▲5,950,000円 （相続税評価額　▲750,000円）	

団信加入済のローンを引いた額を書く

山田太郎さんの場合

【マイナスの財産(借入金・リース等)】

借入金・ローン・リース・賃貸物件の預かり敷金等

借入先・連絡先	当初借入額	借入日	返済方法
○○銀行 03-××××-××××	4000万円	平成8年(1996年) 5月30日	○○銀行○○支店 毎月15日引落
○○リース 0120-×××-××××	150万円	令和3年(2021年) 3月31日	○○銀行○○支店 毎月末日引落
佐藤春夫氏 0495-22-××××	15万円	令和4年(2022年) 3月20日	

借入等残高合計(2024年12月25日時点)

保証債務　借金の保証人等

原則、マイナスの財産にはカウントしないが、ある場合は必ず書く

保証した相手(主債務者) 連絡先	
お金を貸した人(債権者) 連絡先	
保証した日	
保証した金額	
備考	

COLUMN

対策しないとこうなる！

相続地獄STORY ①

妻が必死で貯めた「へそくり」が、夫の死後、脱税疑惑に？

「奥様名義のこの預金はご主人の相続財産です。相続税の申告漏れです」。亡き夫の相続税の税務調査。税務署が家に調査に来るなんて、それだけでも恐いのに、思いがけない言葉に佐藤裕子さん（65歳　仮名）は思わず涙ぐみました。

「妻の預金が夫の相続財産って、どういう意味？」と思われるかもしれませんが、相続税の税務調査では、このような指摘を受けることはまままあります。いや、むしろ税務調査の目的の大部分はこの「名義預金」探しなのです。

相続税のルールには、一般の生活感覚では理解しがたいものがあります。その一つが**「夫の稼いだお金は妻名義の預金でも夫の相続財産である」**という考え方です。こんなことを言うと「夫の給料は、夫だけのものではない！」と非難を浴びそうですが、実際税務署はそう思っています。

夫が稼いできたお金は夫の財産？

とはいえ、夫の稼いだお金を使ってはいけないというわけではありません。

裕子さんの夫は会社員でした。裕子さんは専業主婦で2人の子どもを育て上げました。家のローンを含め、お金の管理は裕子さんの仕事。

夫の給与口座から毎月生活費を引き出し、それを裕子さんの通帳に入れてやりくりをしていました。そして、余ったお金で友達と食事や旅行に行ったり、時には子や孫にお小遣いをあげたりしていました。

このように、夫の給料を妻が自分の口座に移して自由にお金を使っていても、「扶養義務者の生活費を賄う」という範囲であれば、たとえ海外旅行に行きまくっても、ブランドバッグを買っても税務署は関知しません。妻は財産の管理者で実際の所有者は夫だと考えているからです。

問題になるのは、相続の時です。

特に問題になりやすいのは、専業主婦の妻や子・孫名義の預金や証券口座にたんまりとお金が残っているようなケース。

裕子さんの口座には2000万円程度の預金がありました。税務署は、専業主婦だった裕子さんの通帳にこんなに残高があるのはおかしい、と目を付け税務調査に来たのです。

裕子さんからすれば「これは私の財産。結婚して約40年間、夫にもらった生活費をやりくりして貯めたんだから」と納得できません。でも、税務署にはその言い分は通用しません。「夫が稼いできたお金は、誰の名義になっていようと夫のもの」なのです。

もちろん本当に「私のお金」ならば、夫の財産にはなりません。親からもらった相続財産だったり自分で稼いだもので夫とは関係ない、のであれば、そう主張すべきです。もし、**「夫からもらった」と主張するなら、「贈与があった」ことを証明しなければなりません。**しかし、「あげた（と思われる）」夫は既に亡くなっているため、贈与を証明するのは困難です。

贈与されていない夫の稼ぎから出た生活費の残りは、税務署ルール的には、間違いなく夫の財産ですから、相続税で申告しないでいると後からペナルティを科されます。このルールを知らない人が多いので、税務署はせっせと名義預金探しの税務調査を行うのです。

生活費で残った分は贈与だと証拠を残す

相続税がかかりそう、かつ、妻に渡した生活費の残り（へそくり）は相続税の対象にしたくないのなら、今後は**夫婦間でも、贈与であることをはっきりさせ、証拠を残す**ようにしてください。これが税務署のルールから身を守る方法です。

毎年、生活費で残った分についての贈与契約書を作り、年間110万円を超える場合は、贈与税の申告をします。

既に、妻の口座に多額の残高がある場合は、夫の口座に戻すという方法もありますが、金額が大きい場合は税理士に相談することをおすすめします。

教訓

生活費の残りを夫の相続財産にしたくないなら、贈与契約書を作る⬇**（p168も参照）**

2日目

「情報」を整理する

PCやスマホの暗証番号、身近な人間関係、
利用しているサブスクなどのサービス……。
配偶者やお子さんは、あなたの情報を
どれだけ知っていますか?
万一の時に備えて、きちんと整理しておきます。

DAY 2

STEP1「お金に紐づく情報」を整理する

STEP2「デジタル情報」を書き出す

STEP3「訃報」を届けたい友人・知人を簡単リスト化

STEP4「葬儀」や「お墓」の希望を書く

STEP1

「お金に紐づく情報」を整理する

クレジットカード・電子マネー・サブスク・貸金庫など

相続後、故人が契約していたサービスなどの解約手続きをする上で困るのは「解約すべきサービスの情報」がわからないことです。解約しないと料金がかかり続けるのに、契約があったことに気づけないとか、解約に必要な情報がわからない、となると残された家族は大変です。

ここでは、「クレジットカード」「様々なサブスク」「貸金庫」といったお金に紐づく情報について整理していきましょう。

「整理」という言葉を使ったのは、改めて確認すると、使っていないものも多いのではないかと思うからです。これを機に、利用していないものは解約・払い戻しをし、本当に使うものだけを残すという「整理」もしていきましょう。

お金が入っている可能性のある「ポイントカード」や「電子マネー」なども一緒に確認していきます。

●会費ゼロのカードでも解約手続きは家族の負担になる

まずは、クレジットカードから。

お手元にクレジットカードをすべて用意してください。並べてみると使っていないクレジットカードが結構ある、という方も多いのではないでしょうか。年会費を払っていながら使っていないカードもあるかもしれません。

仮に年会費ゼロだとしても、相続後は家族がすべてのクレジットカードの解約の手続きをすることになります。

使っていないものは、自分で早めに解約しましょう。

とりあえず残すものは、90~91ページの例のように年会費の有無や引落時期も書いておきましょう。自分が解約する際の参考にもなります。

電子マネー・ポイント・マイルなども、知らないと放置されて貯めていたものが無駄になってしまいます。残高の多いものは記載しておきましょう。ＩＤやパスワードが必要なものは、備考欄に記載してください。

●料金滞納扱いになる可能性もあるサブスク

サブスク・定期購入・有料アプリ・スポーツクラブ・習い事などの契約は、相続後に家族が気づきにくく、解約しそびれることが多々あります。

契約しているサービスを解約しないまま、故人の銀行口座やクレジットカードを解約すると、料金の引落が止まり、料金滞納扱いになってしまうことがあります。

そうなるとますますやっかいです。

そんなことにならぬよう漏れなく記載しておくようにしましょう。

ネットで契約したものの中には、ネットでしか手続きできないものもありますし、解約手続きがわかりにくいものも多く、残された家族が解約するのは大変です。ログインに必要なＩＤやパスワードはもちろん、解約方法の書いてあるページなどもわかれば記載しておきましょう。

●自分がどんな契約をしたか忘れている人は

自分がどんなサブスクや有料アプリを契約しているかを忘れている人もいるかもしれません。

そんな方は、無駄に会費を払い続けているものがないか、**「銀行口座」「クレジットカード」「携帯料金」のそれぞれの明細を1年分見直してみましょう。**

思わぬ引落が見つかるかもしれません。利用していないもの、費用対効果が悪いものは早めに解約しましょう。

貸金庫も、その存在に家族が気づきにくいものです。また、貸金庫のカギがみつからない、というトラブルも多いと聞きます。

貸金庫やトランクルームを利用している場合は、契約先や連絡先、カギの保管場所を記載してください。

サブスク・貸金庫等）】 自動引落等、お金に紐づいている情報を書きます。

年会費の有無は必ず書く

	連絡先	備考
	0120-×××-×××	・年会費なし　・財布の中 ・○○百貨店買い物用 ・ポイントが貯まっていることがある
	0120-×××-×××	・年会費なし ・財布の中 ・Amazon用
	0120-×××-×××	・年会費○○円（毎年2月末引落） ・一番使っているカード ・引落のほとんどはこのカードから ・財布の中
	0120-×××-×××	・年会費○○円（毎年5月末引落） ・黒い引き出しの中 ・解約予定

クレジットカード

カード名称	カード会社名	カード番号	Web用ID等
○○百貨店	VISAカード	××××××××××	セキュリティコード ○○○
アマゾン	マスターカード	××××××××××	セキュリティコード ○○○
JALカード（マイレージカード兼）	JCBカード	×××××××××	セキュリティコード ○○○ ネットID×××× パスワード××××
○○証券	VISAカード	×××××××××	セキュリティコード ○○○

電子マネー（ポイント）

サービス名	保管場所	備考
Suica	携帯電話内	常時1万円程度保有
PayPay	携帯電話内	常時1万円程度保有
WAON	カード（財布）	スーパー買い物用
アマゾンポイント	パソコン	・アマゾンのサイトで確認できる ・IDはサブスクの欄を確認
さとふる	パソコン	・ポイントが貯まっていることがある ・ID　○○○○　パスワード　○○○○
JALマイル	パソコンで確認	ID　○○○○ パスワード　○○○○

引落日、額、口座やカード等を書く

連絡先	備考
	引落　アマゾンカードより
0120-×××-×××	毎月末日引落　月額○○円　JALカードより
	毎月20日引落　月額○○円　JALカードより
蒲田ゴルフ練習場 03-○○○○-○○○○	年会費○○円　毎年9月引落　JALカードより
○○スポーツクラブ 03-○○○○-○○○○	毎月末日引落　月額○○円　JALカードより
○○新聞販売所 03-○○○○-○○○○	月額○○円　JALカードより
黒酢工房○○ 092-×××-×××	3か月に1回　○○円　JALカードより

連絡先	備考
03-××××-××××	・不動産の権利証等 ・鍵は黒い引き出し
03-××××-××××	・季節外の布団、ゴルフバッグなど ・鍵は黒い引き出し

（サブスク・貸金庫等）

サブスク・定期購入・会費等

サービス名	申込名・アカウント名	ID・パスワード等
アマゾン プライム会員	山田太郎	登録メール yamada@××iine.co.jp パスワード Yamada999
NHKオンデマンド	山田太郎	ID yamada@××iine.co.jp パスワード ××××
ダイヤモンドオンライン	山田太郎	メールアドレス yamada@××.co.jp パスワード ××××
屋外ゴルフ練習場	山田太郎	
スポーツジム	山田太郎	
○○新聞	山田太郎	
黒酢定期購入	山田太郎	

貸金庫等

種類・名称	金融機関・契約会社	パスワード・暗証番号
貸金庫	○○銀行○○支店	パスワード　××××
トランクルーム	○○倉庫　蒲田駅前	カギの暗証番号　××××

DAY 2

STEP2

「デジタル情報」を書き出す

PC・携帯電話・タブレット・Wi-Fi・SNSなどのIDとパスワード

ここでは、パソコンや携帯電話・タブレット、Ｗｉ－Ｆｉなどインターネット関連の契約や、ＳＮＳ情報などデジタルに関する情報を確認していきます。

携帯電話やインターネット関連の契約も、家族が解約の手続きをすることになりますが、**これらの情報はペーパーレスのことも多く、契約情報を探し出すのは困難**です。漏れのないように記載していきましょう。

●すべてに関してログイン情報は必須

パソコン、携帯電話・タブレットなどは、「ロックを解除するパスコード」、「メールアドレス」（携帯電話の場合は電話番号なども）、「ログインパスワード」と「解約の連絡先」を記載します。

また、登録しているメールなども、アドレスやＩＤ、パスワードなどをこちらに書いておきましょう。

デジタルデータについては、見られたくないもの、逆に確認してほしいものなどがある場合は、備考欄に記載しておくといいでしょう。

文書や写真などをクラウドに保存している場合も、ここに記載してください。

Ｗｉ-Ｆｉやプロバイダは、加入の仕方によって、解約等の手続き先が異なることがあります。解約や名義変更に必要な情報を記載しておきましょう。

Facebook、ＬＩＮＥ、Ｘ（旧ツイッター）、Instagramなどの**SNSは、死後、アカウントを残しておいても構いませんが、乗っ取られるリスクがあります。**アカウントをどうしたいか、追悼コメントをどうしてほしいかなど希望を書いておくといいでしょう。そのためにも、ログイン情報を記載しておくことをおすすめします。

いずれの場合も、有料プランに入っているなど、料金が自動引落になっている場合は、そのことも忘れずに書いておきましょう。

SNS等）】 デジタル機器やデジタルデータの情報を書きます。

死後の希望等を書く

メール	連絡先	備考
（メインのメール） （ほとんど使ってない） （共通）××××××		・写真のフォルダーに遺影の候補あり ・マイクロソフトのアカウントは ID×××××　パスワード××××
○-○○○○ docomo.ne.jp	ドコモお客様センター 0120-○○○-○○○	・写真は必要なものだけ残して破棄 ・メールは見ずにすべて破棄 ・連動しているスマートウォッチもあり。Wi-Fiタイプ
上	ドコモお客様センター 0120-○○○-○○○	・Wi-Fiタイプなので、解約の必要なし ・メールは見ないでください ・使いたい人がいたら捨てずに使ってください

備考
・仕事用の古い資料など。破棄してください ・無料プランで使用
・赤いUSBメモリーには、写真が入っているので、捨てずに見てください ・それ以外は破棄

SNS

サイト名	アカウント名	ID・パスワードなど	備考
LINE	t.yamada	ID Yamada-t メール yamada@×××.co.jp パスワード Yamada999	入院や葬儀の連絡に
Facebook	山田太郎	メール yamada@×××.co.jp パスワード Yamada999	死去を報告し、 しばらくそのまま放置
X	Yamachan	メール yamada@×××.co.jp パスワード Yamada999	見るだけなので、閉じる

パソコン・携帯電話・タブレット等

契約会社・ メーカー種類等	名義人 ユーザー名等	パスコード	電話番号・
パソコン 東芝ダイナブック	TAROU.Y	PIN:99229922 パスワード Yamada9922	yamada@××××.co.jp tarou@○○○.ne.jp メールのパスワード
スマートフォン ドコモ	山田太郎	9922×××	090-○○○ ○○○○@
タブレット ドコモ	山田太郎	9922×××	同

デジタルデータ（クラウド含む）等

メーカー名等	ユーザー名	ログインパスワードなど
エバーノート（クラウド）	TAROU.Y	ID××××　パスワード×××× メールyamada@××××.co.jp
USBメモリー		

Wi-Fi等回線事業者・プロバイダ

サービス名	ID・パスワード	備考
インターネット ○○ （自宅Wi-Fi）	パスワード ××××××××	・光電話なので、電話番号が紐づいている 03-××××-×××× ・解約するかどうかは任せます 名義変更して使ってもいい ・月極○○○円　・連絡先0120-○○○-○○○
○○ネット （モバイルWi-Fi）	パスワード ××××××××	・事業用なので名義は山田太郎事務所 ・解約　・月極○○○円 ・連絡先0120-○○○-○○○
○○○○ （プロバイダ）	ID ×××× パスワード ××××	・Wi-Fiとセットで安くなっている ・必要なら名義変更して継続　・月極○○○円 ・連絡先0120-○○○-○○○

DAY 2

STEP3

「訃報」を届けたい友人・知人を簡単リスト化

所属コミュニティの代表者を書いておくだけでもOK

死後、最初に家族が困るのは、訃報や葬儀の連絡を誰にすればいいかわからないということ。連絡をしてほしい人をわかるようにしておきましょう。

年賀状のリストなどをベースに友人リストを作成してもいいですが、**所属コミュニティごと（会社・出身校・サークルなど）に代表者の連絡先を書いておき**、その人から連絡してもらう、という方法が簡単です。

名前（ふりがなも）、関係性、連絡先（電話かＬＩＮＥ、住所等）、訃報だけでいいのか葬儀も来てほしいのか等を書いておきましょう。

ＳＮＳで訃報の連絡をしたい場合は96ページのＳＮＳの備考欄に書きましょう。ただし、想定外に参列者が増えてしまうと、葬儀の規模や金額が大きくなる可能性もあるので、そのあたりも考えておきましょう。

山田太郎さんの場合

【訃報を届けたい友人・知人】

葬儀・訃報を連絡してほしい人

関係性やどこまで知らせてもらうか等

名前 （ふりがな）	関係	葬儀参列 or 訃報のみ	電話 番号	住所	備考
中村 ○太 （なかむら ○た）	友人	葬儀 参列	090− ×××−××	〒×××−×××× 千葉県 千葉市 ○○○○	大学時代サークルの友人。サークルのメンバーへの連絡を依頼してください。連絡してほしいのは、同期のメンバー10名
田中 ○子 （たなか ○こ）	友人	葬儀 参列	090− ×××−××	〒×××−×××× 神奈川県 横須賀市 ××××	○○会社の同期。会社の仲間に連絡を依頼してください。連絡してほしいのは、伊藤○○・鈴木○○・佐藤○○
和泉 ○○ （いずみ ○○）	親族	葬儀 参列	045− ×××−××	〒×××−×××× 神奈川県 横浜市 ××××	妹
中川 ○○ （なかがわ ○○）	知人	訃報 のみ	090− ×××−××		絵画サークルの仲間。絵画サークルのみなさんに伝えてもらいたい。葬儀への参列は不要なので、葬儀後の連絡でよい
玉木 ○○ （たまき ○○）	友人	訃報 のみ			最近再会した中学時代の友人。連絡はLINEのみ。LINEアカウント名「tamaki」

STEP4

「葬儀」や「お墓」の希望を書く

こだわりがあれば、細かく書いておく

葬儀やお墓の希望もあれば、書きましょう。ポイントは以下です。

【葬儀について】

・規模（家族葬・知人も呼ぶ一般葬・葬儀はしない・家族の判断に任せる等）
・費用（なるべくかけない・恥ずかしくない程度・盛大に等）
・場所（自宅・葬儀場・寺・教会等）
・遺影（遺影の写真の保管場所を記載）
・その他希望（戒名・喪主・音楽や飾ってほしいもの・参列者へのメッセージ等）

【お墓について】

・現在の状況（お墓の有無・現在のお墓の情報等）
・墓の希望（購入・現在の墓を継承・墓じまい・共同墓地・散骨・継承者等）

山田太郎さんの場合

【葬儀とお墓の希望】

葬儀やお墓の希望について書きます。

葬儀の希望

葬儀の規模、内容、費用の希望を書く

	希望等	備考
葬儀会社・ 葬儀の場所	○○葬儀社 ○○葬儀場	友人・知人50人くらいの一般葬 費用は○○万円くらい 互助会に入っている 資料は黒い引き出しの中
遺影	パソコンの 写真フォルダー の写真	いくつか候補があるので、 家族で決めてほしい
その他希望	戒名はいらない・喪主は長男に任せる・ ビートルズの歌をながしてほしい・ メッセージをパソコンに残しているので読み上げてほしい	

お墓の状況と希望

	状況・希望等	備考
現在の状況	墓あり (○○霊園　鎌倉市小町×× 0120−××−×××)	年間管理料○○○円 ××銀行より6月引落
お墓の希望	現在の墓に納骨してほしい	ゆくゆくは墓じまいをしてもらって構わない
その他希望	墓は長男に継承してもらいたい	

COLUMN

対策しないとこうなる!
相続地獄STORY ②

本当は超恐ろしい、「適当な贈与」や「タンス預金」

「子や孫への贈与やタンス預金なんて申告しなくても税務署にばれないよね」。こういった質問を受けることがあります。これって「脱税」の相談なんですが、皆さん、悪気がなさそうです。贈与もタンス預金も家族内でのお金の話なので、言わなきゃわからないだろうと思うのかもしれません。

税務署を侮ってはいけない!

でも、税務署の調査能力を侮ってはいけません。国は、全国の国税局・税務署の情報を一元管理するKSKシステム(国税総合管理システム)を駆使して、国民の稼ぎや財産を把握しています。

「私の収入や財産を国が把握なんてできるの？」と思うかもしれませんが、給与は源泉徴収票、個人事業収入は確定申告から把握できますし、銀行や証券会社との取引や生命保険会社からの保険金は支払調書から、不動産の売買は登記情報からetc.……、国はあらゆる情報を把握できる立場にあるのです。

そして、こういった様々な情報をもとに「高額な給料をもらっていた人」や「事業や資産運用等で稼いでいた人」、「相続で財産をもらった人」など、多くの財産を持っているだろう人を把握しているのです。

国は、戸籍システムで亡くなった人の情報も把握できます。相続が起きたことがわかれば「この人なら●円くらいの相続財産があるだろう」と想定し、相続税の申告が必要そうな人には「相続税についてのお尋ね」という書類を送り付け、相続税の申告を忘れないように、と釘をさします。

そして、申告された額が税務署の想定よりも低ければ、「どこかに財産を隠しているのではないか」、「生前に多額の贈与などをしているのではないか」と調べ（税務調査）始めるのです。

実際、税務調査が入るとかなりの確率で財産の申告漏れが見つかります。相続税の調査結果については毎年国税庁が発表していますが、令和4年度は、調査件数８１９６件のうち、９割弱の７０３６件で申告漏れ等が発見されています。調査の主な対象は現金・預金・有価証券といった金融資産。そして、**相続税の税務調査では、贈与税の申告漏れも厳しく調査されます。**

調査は、故人の過去の預金通帳のチェックから始まります。**調査官は、銀行の取引記録を納税者の同意なく銀行に提出させることができます。**たとえば１００万円を超える大きな金額が引き出されていたり、生活費にしては多い金額が定期的に引き出されていたりすると、「タンス預金・隠し財産があるのではないか」「誰かに贈与をしたのではないか」と疑い、徹底的に追及してきます。

税務調査では、家族の預金通帳もチェックされます。妻（夫）や子・孫の通帳にどこから入ってきたかわからない大きな入金があれば、贈与が疑われます。預金残高が、その人の稼ぎに対して多額だった場合なども「贈与でもらったのではないか」「名義預金ではないか」と疑われます。

ペナルティや延滞税は残された家族に

税務調査で、隠し財産や贈与税の申告漏れが見つかると、ペナルティが科せられます。**ペナルティは、本来納付すべきだった税金との差額の10~40%。**悪質度合いが高い程、ペナルティは大きくなります。それ以外に、年利8・7%(令和6年現在)という高利貸し並みの利息(延滞税)もかかります。

ペナルティもさることながら、財産を隠して税務調査が来るなんて、残された家族の心労は計り知れません。「タンス預金や生前贈与なんてバレない」などと考えるよりも、漏れのない財産リストの作成、適切な節税、揉めないための準備をする方が、家族にとってはありがたいことなのです。

教訓

漏れのない財産リスト作成、適切な生前贈与が家族を救う!

3日目

「相続税」を確認する

財産額がわかったら「相続税」がかかるのかかかるとしたら、どのくらいなのかを自分で計算していきます。

手順通りに数字を当てはめていけば、簡単に出せるので、落ち着いてやってみて。

DAY3

STEP1 生まれてから今までの戸籍謄本を集める

STEP2 「法定相続人」を確定し、リスト化する

STEP3 財産の合計額を計算し、相続税がかかるか確認する

STEP4 相続税のおおよその額を確認する

STEP1

生まれてから今までの戸籍謄本を集める

「広域交付制度」を利用すれば手軽に取れる

3日目は、ご自身の「法定相続人」を確定した上で、今の財産に相続税がかかるのかどうかの確認、かかる場合のおおよその税額把握までを行います。

STEP1では法定相続人の確定に必要になる戸籍謄本を取りましょう。

法定相続人を正確に把握するためには、出生から死亡までの戸籍全部事項証明書（戸籍謄本、以下戸籍という）をすべて取得し、確認する必要があります。

戸籍は、本籍地の変更や婚姻・戸籍法の改正などにより、その都度新しく作られ、新しい戸籍には既に抹消された情報（死亡、結婚、本籍地変更などで戸籍から抹消された人の情報）は記載されないからです。

相続後に行う財産の名義変更やサービスの解約では、ほぼすべての手続きで、ご家族は法定相続人の証明が求められます。その度に、故人の出生から死亡までの戸籍一式の原本の提出をするのは大変です。そこでおすすめなのが、相続関係を1枚にまとめた**「法定相続情報一覧図」**。これがあれば、戸籍一式の代わりにほとんどの手続きができるようになります。**「法定相続情報一覧図」は相続後に作成**し、故人の出生から死亡までの戸籍一式や法定相続人全員の現在戸籍など、必要書類とともに法務局に

●法定相続情報一覧図の見本

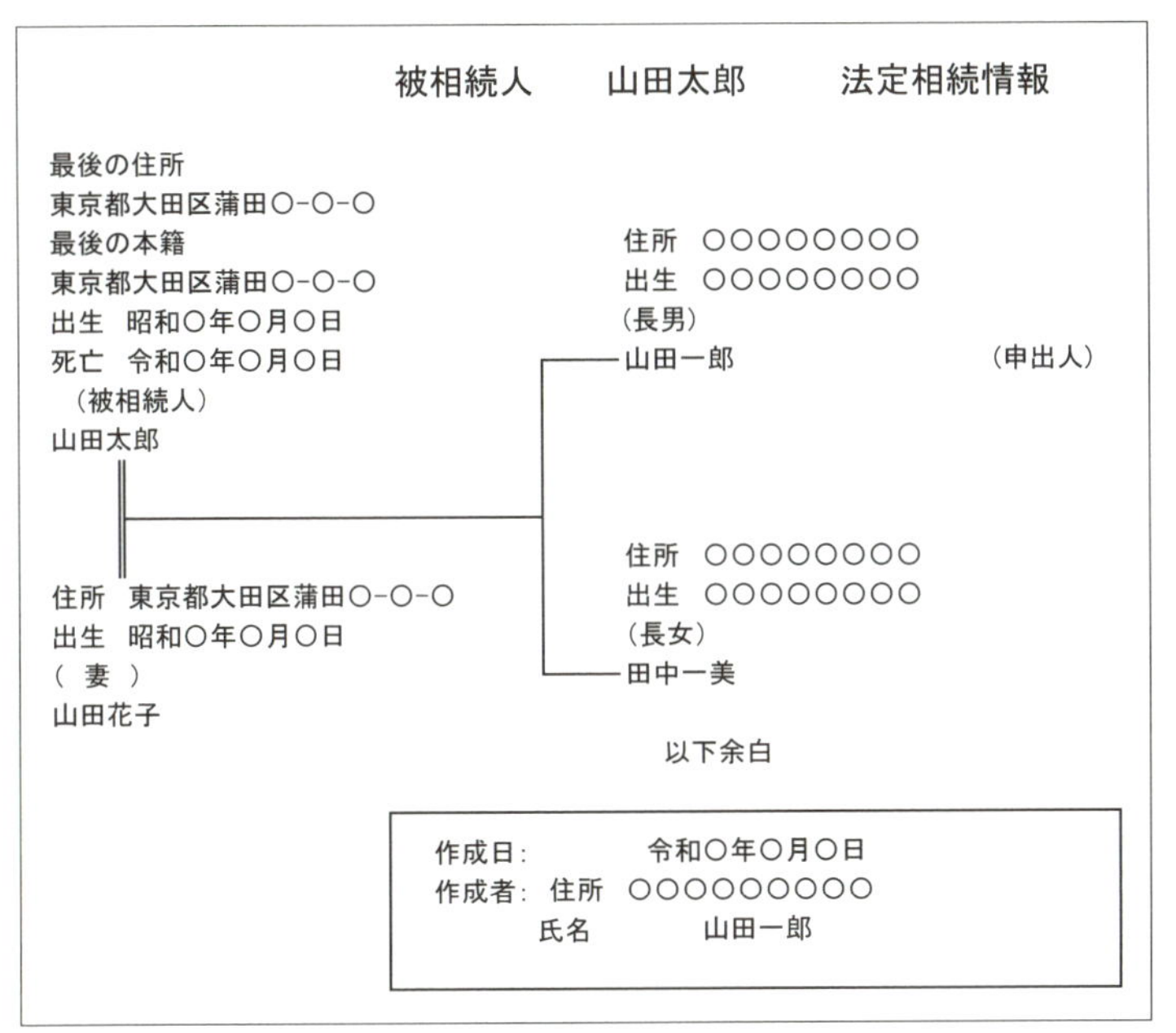
被相続人　山田太郎　法定相続情報

最後の住所
東京都大田区蒲田○-○-○
最後の本籍
東京都大田区蒲田○-○-○
出生　昭和○年○月○日
死亡　令和○年○月○日
（被相続人）
山田太郎

住所　東京都大田区蒲田○-○-○
出生　昭和○年○月○日
（　妻　）
山田花子

住所　○○○○○○○○○
出生　○○○○○○○○○
（長男）
山田一郎　（申出人）

住所　○○○○○○○○○
出生　○○○○○○○○○
（長女）
田中一美

以下余白

作成日：　令和○年○月○日
作成者：　住所　○○○○○○○○○○
氏名　山田一郎

法務省のサイトに入力フォーマットがある

提出して、認証してもらいます。

「法定相続情報一覧図」の認証に必要な戸籍のうち、最後の戸籍（死亡した情報が載っている戸籍）はご家族に取ってもらうしかありませんが、**それ以前の戸籍（出生から現時点までのもの）は、内容が変更される可能性がないため、生前に取得しておいたものを使うことができます。**

現時点のご自身の法定相続人をヌケモレなく把握するためにも、残されたご家族の負担を少しでも軽くするためにも、このタイミングでご自身の出生から現時点までの戸籍を取っておくとよいでしょう。

出生から現在までの戸籍を取るには？

令和6年3月1日からスタートした「戸籍の広域交付制度」により、戸籍取得の手続きは格段にラクになりました。

戸籍は本籍地がある市区町村役場で管理されているため、以前は本籍地が遠方の場合は郵送で請求する必要があり、本籍地が変わっている場合はそれぞれから取り寄せるなど大変な手間がかかりましたが、現在は本籍地以外の市区町村でも、戸籍が取得できるようになりました。

出生から現在までの戸籍一式を取りたい場合には、最寄りの市区町村役場で**広域交付制度を使って「相続の手続きに必要な戸籍一式」**を請求してください。通常は出生から死亡までの戸籍となりますが、相続対策のために事前に用意しておきたいといえば、出生から現時点までの戸籍（戸籍謄本、除籍謄本、改製原戸籍謄本等）を揃えて出してくれます。

ただし、「広域交付制度」に対応していない市区町村もありますので、必ず事前に確認してください。また、過去の戸籍の中には一部請求できないものがあったり、市区町村によっては、取得に一日以上かかることもあります。

戸籍取得に必要な金額は、戸籍謄本が450円、除籍謄本や改製原戸籍謄本は1通750円です（市区町村によって異なる場合もあります）。

実際に取得に行く場合は、提示する本人確認書類なども含め、必ず事前に電話などで確認してから行くようにしてください。

DAY3

STEP2

「法定相続人」を確定し、リスト化する

いちばん基本的な相続の形を知っておく

遺産は、遺言書で指定しておけば、好きな人に残すことができます。**遺言書がない場合は、法律で決められた「法定相続人」だけが遺産をもらう**ことができます。誰がどの財産をもらうのかは、法定相続人全員の話し合いで決めます。分け方の目安として「法定相続分」という基準が民法で決められていますが、全員が納得すれば、どんな分け方をしてもかまいません。

「法定相続人」と「法定相続分」は、相続税の計算をするときや財産の分け方を決めるときに必要な知識ですので、まずはそこから説明していきます。

●「法定相続人」の順位と「法定相続分」

法定相続人は、家族構成によって決まりますが、**配偶者（妻・夫）は必ず法**

定相続人となります。配偶者とは、法律上の婚姻相手のこと。婚姻届の出ていない内縁の妻や夫には相続権はありません。

配偶者以外の相続人には、第1~3までの順位があり、**上の順位の人がいる場合は、下の順位の人には相続権はありません。**

法定相続人の順位と法定相続分は次のように決まっています（115ページの図も参照）。

◆第1順位：子→子が死亡している場合は孫
（法定相続分）配偶者1／2・子1／2（1／2を人数で分ける）

◆第2順位：親（直系尊属）→両親とも死亡している場合は祖父母
（法定相続分）配偶者2／3・親（直系尊属）1／3（1／3を人数で分ける）

◆第3順位：兄弟姉妹→兄弟姉妹が死亡している場合は兄弟姉妹の子（甥・姪）
（法定相続分）配偶者3／4・兄弟姉妹1／4（1／4を人数で分ける・ただし、異父（異母）兄弟姉妹の相続分は、両親とも同じ兄弟姉妹の1／2になる）

第1順位は「子ども」です。

先妻（夫）の子も、養子も、養子に出した子も、胎児も等しく相続権を持ちます。婚外子（非嫡出子。父を相続する婚外子の場合は認知が条件）も同様です。胎児は出生すれば相続時点にさかのぼり相続人となりますが、死産した場合は相続人とはなりません。子どもがすでに亡くなっている場合、その子ども（孫）がいれば、子の相続権は、孫に引き継がれます。これを代襲相続といいます。

子も孫もいない場合は、第2順位の「親（直系尊属）」が法定相続人になります。両親ともにいない場合は、祖父母に引き継がれます。

第2順位もいない場合、第3順位の「兄弟姉妹」が法定相続人となります。

異父（異母）兄弟姉妹にも相続権がありますが、法定相続分は両親とも同じにする兄弟姉妹の2分の1です。

兄弟姉妹が死亡している場合は、代襲相続となり、兄弟姉妹の子（甥・姪）が相続人となりますが、甥や姪が死亡しているときは、そこで相続権がなくな

● 法定相続人と法定相続分

相続順位	法定相続人と法定相続分	
子どもがいる場合（第1順位）	配偶者 1/2 	子どもが 1/2を 人数で分ける 
子どもはいないが父母がいる場合（第2順位）	配偶者 2/3 	父母が 1/3を 人数で分ける 
子どもも父母もいないが、きょうだいがいる場合（第3順位）	配偶者 3/4 	きょうだいが 1/4を 人数で分ける 

※相続人となる子どもが死亡しているときは孫が、きょうだいが死亡しているときは甥や姪が代わって相続することができます。（代襲相続）

り、甥や姪の子は相続人にはなりません。

第1順位の子どもが法定相続人になる場合はSTEP1で取った戸籍を見れば把握できますが、第2順位や第3順位になる場合、自分の戸籍を取るだけでは法定相続人を確定できません。

特に、親や兄弟姉妹と疎遠だと、把握しきれていない法定相続人がいることもあります。

その場合の法定相続人の確定方法は、228ページでお伝えします。

法定相続人リストを作る

法定相続人が確定できたら、法定相続人リストをノートに書きます。

リストには、「続柄」「法定相続分」「生年月日」「住所」「電話番号」も書いておくと、いざという時、連絡先がすぐにわかって便利です。

「法定相続情報一覧図」(p109参照)の作成にも必要になる情報です。

法定相続人を確定し、情報を書きます。

法定相続人

名前	続柄	法定 相続分	生年月日	住所	電話番号	備考
山田 花子	妻	1/2	昭和〇〇年 〇〇月 〇〇日	大田区 蒲田 〇-〇-〇	03- 〇〇〇〇- 〇〇〇〇	
山田 一郎	長男	1/4	昭和〇〇年 〇〇月 〇〇日	足立区 北千住 〇-〇-〇- 105	03- 〇〇〇〇- 〇〇〇〇	
田中 一美	長女	1/4	平成〇〇年 〇〇月 〇〇日	横浜市 青葉区 青葉 〇-〇-〇	045- 〇〇〇〇- 〇〇〇〇	

STEP3

財産の合計額を計算し、相続税がかかるか確認する

相続税の対象となる財産が基礎控除額を超えるか

ＳＴＥＰ３では１日目に書き出した金額から財産合計表を作り、自分の財産に相続税がかかるかどうかを確認します。

相続税には、基礎控除額と呼ばれる非課税枠があります。**相続税の対象となる財産の合計額が、基礎控除額を超える場合は相続税がかかりますが**、それ以下の場合は相続税はかかりません。

基礎控除額は、【3000万円＋600万円×法定相続人の数】で計算します。法定相続人が１人だと３６００万円、２人だと４２００万円、３人だと４８００万円、４人だと５４００万円、５人だと６０００万円が、基礎控除額となります。

●生命保険等の非課税枠、債務等を差し引き「相続税対象額」を計算

最初に1日目で書き出した各資産を合計し、125ページのような財産合計表を作ります。計算を簡単にするため1000円未満は切り捨ててもOK。

相続人が受け取る**生命保険金（死亡保険金）と退職金には、非課税枠（500万円×法定相続人の数）があります**ので、それが資産に含まれる場合には、その非課税枠を差し引き、資産合計額を出します（生命保険や退職金の額より非課税枠の方が大きい場合は、生命保険・退職金の全額を非課税額として引きます）。

資産合計額から債務（マイナスの財産）を引いた「相続税の対象財産」から「基礎控除額」を差し引くと「相続税対象額」が出ます。プラスになった場合、その額に相続税がかかります。マイナスになった場合は、相続税はかかりません。

相続税がかからない方はSTEP4を飛ばして、4日目に行ってください。

ただし現時点では相続税がかからなくても、今後の地価や株価の上昇、資産状況の変動などで、相続税がかかってくる可能性もあります。

毎年の定点チェックは続けることをおすすめします。

STEP4

相続税のおおよその額を確認する

自分で計算しても「一発早見表」を利用してもOK

相続税は、財産の額によって税率が変わります。基礎控除額を超えた部分の相続税率は表の通りですが、これを相続税対象額に直接当てはめるわけではありません。

相続税の計算は少し複雑です。「相続税対象額（基礎控除後の額）」が1億円、「法定相続人」が妻・長男・長女3人で、妻80％、長男・長女に各10％に分けたというケースで説明します。

● 相続税の速算表

法定相続分に応ずる取得金額	税率	控除額
1000万円以下	10%	—
1000万円超 3000万円以下	15%	50万円
3000万円超 5000万円以下	20%	200万円
5000万円超 1億円以下	30%	700万円
1億円超 2億円以下	40%	1700万円
2億円超 3億円以下	45%	2700万円
3億円超 6億円以下	50%	4200万円
6億円超	55%	7200万円

● 相続税の計算方法

相続税対象額＝基礎控除後の額（1億円）

▼

❶ 仮に法定相続分で分けたと仮定

妻（1/2）＝5000万円　長男（1/4）＝2500万円　長女（1/4）＝2500万円

▼

❷ 分けた額に対し、速算表で各人の相続税額を計算し、合計して相続税の総額を算出

妻　5000万円×20％－200万円＝800万円
長男　2500万円×15％－50万円＝325万円
長女　2500万円×15％－50万円＝325万円
相続税の総額　800万円＋325万円＋325万円＝1450万円

▼

❸ 算出した相続税の総額を「実際に取得する財産の割合」に応じて按分

妻　1450万円×80％＝1160万円（配偶者の税額軽減で実際には0円）
長男　1450万円×10％＝145万円
長女　1450万円×10％＝145万円
この家族が実際に支払う相続税の総額は290万円になる

上記の図と合わせて見てください。

❶相続税対象額（1億円）」を仮に法定相続分で分ける。

❷❶で分けた額に対し、相続税の速算表を使って各人の相続税を計算し、合計して相続税の総額を出す。

❸❷で計算した相続税の総額を「実際に取得する財産の割合（妻80％、長男・長女が10％ずつ）」に応じて按分する。

前ページの表を見ればわかるようにこの家族が実際に払う相続税は、

配偶者　1450万円×80％＝1160万円（「配偶者の税額軽減」で実際には0円）

長男　1450万円×10％＝145万円

長女　1450万円×10％＝145万円

となります。

配偶者（妻・夫）が相続する財産については、1億6000万円か、法定相続分のどちらか多い金額までは、相続税がかからないという特例（配偶者の税額軽減）があるので、このケースの場合、家族が実際に支払う相続税の合計は290万円ということになります。

なお、「配偶者の税額軽減」などの特例については、4日目STEP3の141ページで詳しく説明していますので、そちらをご覧ください。

●相続税の計算が面倒くさい方は……

相続税の計算方法を❶～❸までで簡単に説明しましたが、「計算が面倒くさい」という方は、巻末(236~237ページ)に掲載している**「相続税の一発早見表」を参考に、相続税の目安額を把握することもできます。**

早見表の縦軸の「遺産総額」は、基礎控除額を差し引く前の金額、125ページのサンプルの財産合計表でいえば、Cの「相続税の対象財産」を指します。また、「法定相続人が配偶者と子どもの場合」と「法定相続人が子どもだけの場合」で分けてありますので該当する欄を見てください。

なおこの「一発早見表」では、法定相続人が法定相続割合通りに相続し、配偶者の税額軽減の特例(p141で説明)を適用したものとして計算しています。

右記に当てはまらない場合や、法定相続人が、配偶者と親、配偶者と兄弟姉妹などになる場合は、この早見表では相続税の試算はできません。

1日目 2日目 3日目 4日目 5日目 5日目以降

山田太郎さんの相続税は…？（特例適用しない場合）

❶資産（A）からマイナスの財産（債務B）を引き（＝C）、そこから基礎控除額（D）を引いて相続税対象額を計算

相続税の対象額（C-D）＝**91,284,000円**

❷相続税対象額を仮に法定相続分で分ける（1000円未満切り捨て）

花子（妻・1/2）**45,642,000円**

一郎（長男・1/4）**22,821,000円**

一美（長女・1/4）**22,821,000円**

❸速算表（p120）を使って相続税計算（100円未満切り捨て）

花子 45,642,000×20％―200万円＝**7,128,400円**

一郎 22,821,000×15％―50万円＝**2,923,100円**

一美 22,821,000×15％―50万円＝**2,923,100円**

相続税の総額（特例適用しない場合）は……

7,128,400円＋2,923,100円＋2,923,100円

＝**12,974,600円**

特例を適用しない場合の山田家の相続税の総額。実際には特例を適用するのでもっと安くなる（p157参照）

山田太郎さんの場合

【財産合計表から相続税を仮計算】

財産合計表

		金額（単位：円）	備考
資産	預貯金	19,667,000	
	有価証券	9,046,000	
	その他の金融資産	3,000,000	
	土地	63,750,000	
	建物	8,771,000	
	生命保険	30,000,000	
	（生命保険の非課税枠）	−15,000,000	500万円×法定相続人の数
	生命保険契約の権利	14,000,000	
	退職金予定額		
	（退職金の非課税枠）		500万円×法定相続人の数
	その他の資産	6,800,000	
資産合計額　A		140,034,000	
債務	マイナスの財産　B	−750,000	
相続税の対象財産　A−B=C		139,284,000	
相続税の基礎控除額　D		48,000,000	法定相続人3人なので 3000万円+600万円×3
相続税対象額　C-D		91,284,000	
相続税の総額（特例適用しない場合）		12,974,600	

金額（単位：円）→「1日目」で算出した額を入れる（1000円未満切り捨て可）

500万円×法定相続人の数 → 生命保険の額・退職金の額を上限とする

退職金予定額 → 退職金の予定がある場合

相続税対象額 C-D → ここがプラスの場合、相続税の申告が必要になる。相続税総額の計算方法は右記

※賃貸不動産の評価については考慮していません。（賃貸不動産の評価については、4日目のSTEP8（p178〜）で紹介）
※土地の評価額は固定資産税から計算した概算額です。基礎控除額ギリギリなどで正式な額を知りたい方は「路線価方式」でも計算してみてください。路線価方式での評価については、230ページで紹介します。
※「配偶者の税額軽減」や自宅土地を8割引にする「小規模宅地等の特例」（p141〜参照）は適用していません。

COLUMN

対策しないとこうなる!
相続地獄STORY

③

思い出いっぱいの「実家」が、父の再婚相手やその子のものに

「こんなことなら、父が再婚したいと言った時に止めておけばよかった」。

相談者の和田弘美さん（50歳　仮名）は、だいぶ困っているようです。

和田さんの父は、亡くなる5年ほど前、75歳の時に10歳年下の女性と再婚。「結婚したい人がいる」と言われた時は、ちょっと複雑だったといいますが、老後、一人寂しく暮らすよりも一緒に住んでくれる人がいたほうがいいと結婚に賛成。入籍すれば再婚相手に相続権が発生することもご存じでしたが、おめでたい話の時にそんなことを言いだすのも気が引けて、そのままにしてしまったといいます。

和田さんの父の主な財産は、自宅（時価3000万円）と5000万円程度

の現預金でした。この財産は、小さな会社を経営していた父と10年前に亡くなった母が懸命に働いて築いたものだとのこと。「父の財産は父だけのものじゃなく、母と一緒に築いてきたものです。特に、自宅は私にとって父と母との思い出がたくさん詰まった家なんです。なのに、**再婚相手は、『財産の半分はもらう権利がある。できれば、この家に住み続けたい』**と言うんです」。

自宅は、ゆくゆくは再婚相手の子に……

確かに、入籍している配偶者には婚姻期間の長短にかかわらず相続権が発生します。でも、両親が一生懸命築き上げた財産を半分渡さなければならないなんて、納得できない気持ちもわかります。

自宅に再婚相手が住み続けることになれば、再婚相手の子どもたちがその家に里帰りすることになり、他人の家のようになってしまうでしょう。

それだけではありません。再婚相手と和田さんの間には親子関係がないため、**自宅を再婚相手が相続すれば、ゆくゆくは再婚相手の子どもがその自宅を相続することになります。**

こうなると、和田さんとしてはますます再婚相手に財産を渡したくないという気持ちになるでしょう。

相続で配偶者の権利が強い理由の一つは、財産は夫婦の協力で築いたものだと考えられるからです。しかし、和田さんの父が再婚したのは75歳。その時には家も財産も持っていて、仕事は引退し年金生活でした。財産を消費することはあっても新しく築くことはなかったはず。配偶者に強い相続の権利を保障する法律の考え方には、ちょっとあてはまらないのです。

和田さんと再婚相手の相続問題は簡単に決着しそうにありません。

熟年再婚では、相続について遺言書で明確に

こんな事態を避けるためにも、**熟年再婚する時は、財産を誰が相続するのかについて、家族でしっかり話し合い、遺言書で明確に**しておく必要があります。

これは、夫・妻どちらもです。熟年再婚ではお互い財産も家族も持っているというケースが多いのです。

熟年再婚の場合、相続以外にも事前に解決しておきたい問題があります。

一つは、お墓です。先妻と死別している場合、先妻の眠るお墓にゆくゆく再婚相手が入るのは、残された家族にとっては複雑な思いがするものです。**再婚相手のお墓をどうするか**は、あらかじめ話し合っておきたいところです。

もう一つは介護です。熟年再婚の場合、介護は身近な問題です。**相手が要介護状態になったらどうするのか。**幸せいっぱいの状態でそんなことを考えるのはイヤかもしれませんが、避けては通れない問題です。介護と相続をセットで考えて遺産の配分を検討する、ということも必要だと思います。

自分たちの幸せのために、後々、子どもにいやな思いをさせるのは、よろしくありません。また、相続争いになれば、再婚相手にも辛い思いをさせることになります。「めでたいときに縁起でもない」などと言わず、しっかり準備していただきたいと思います。

教訓

熟年再婚したければ、相続・お墓・介護問題もセットで考える

4日目

「分け方」と「節税策」をプランニング

相続税がかかる人も、かからない人も
まず考えたいのはトラブルになりにくい
財産の「分け方」。
相続税がかかる人は、さまざまな節税策も
プランニングしてみましょう。

DAY 4

STEP1 「不動産」について考える
STEP2 分けにくい財産がある場合はこう考える
STEP3 どう分けると「節税」になるのかを知る
STEP4 財産を仮に分けてみる
STEP5 相続税を減らしたければ、節税方法を検討する
STEP6 「生前贈与」を検討してみる
STEP7 「生命保険」の加入を検討する
STEP8 「不動産」の購入を検討する

DAY 4

STEP 1

「不動産」について考える

「争い事の元」となりがちな不動産の評価法などを確定する

4日目は、1日目の財産リストをもとに、「分け方＝遺産分割」を考えていきます。また本章では相続税がかかる人向けに、STEP5から節税対策も紹介しています。

ただし、相続税は「分け方」によっても変わります。

「分け方」と「節税」は、切っても切り離せないため、まず分け方から考えていきますが、節税を先に考えたい方はSTEP5から読んでいただいても構いません。

●円満相続のキモは「不動産」

相続税がかかるにしろ、かからないにしろ、円満な相続のキモは「不動産をどうするか」です。**不動産は価額が高く、分けるのも難しいため、争い事の元となりやすい**のです。

「分け方」を考える時は、「不動産をどうするか」から考えていくのがよいでしょう。

財産の分け方を考えるステップは次の順番がおすすめです。

【1】不動産をゆくゆくどうするのかを決める
【2】分けるときの不動産の「評価方法」を決める
【3】分けるときのポイント（不動産の分け方、節税になる特例など）を知る
【4】「遺産分割の対象となる相続財産」の合計額を把握する
【5】財産をあげる人、相続割合をざっくり決める
【6】不動産を誰に残すかを検討する
【7】不動産以外の財産の分け方、バランスを考える

本章で順番に解説していきますが、まずＳＴＥＰ１では、【１】と【２】の不動産についての考え方を説明します。

【１】不動産をゆくゆくどうするのかを決める

まずは手持ちの不動産を、生前に売却する可能性があるのか、また自分の亡き後に売却してほしいのか、持ち続けてほしいのか、などを考えます。

生前に売却すれば、分けやすくなりますが、ＳＴＥＰ３で説明する特例が使えなくなり相続税が高くなることもあるので、そういったことも考慮に入れつつ検討しましょう。

【２】分けるときの不動産の「評価方法」を決める

不動産を売却せずに、相続させる場合は「評価方法」を決めます。

相続税を計算するときの不動産の評価方法は53ページで説明した通りに決められていますが、遺産分割するときに「不動産の価値をいくらと見積もるのか」はまた別の話です。

不動産の評価方法には、相続税計算のときに使う相続税評価額・固定資産税評価額以外にも、公示価格・時価・不動産鑑定評価額などがあり、**家族が納得する評価方法であればどれを使っても構いません。**

実務では、「時価」か「相続税評価額」を使うことが多いですが、178ページで説明する通り、**相続税評価額は、時価よりも低くなりがち**なので、相続税評価額で分割すると、「不動産をもらった人は得してる！」となりがちです。

相続後も持ち続ける予定の不動産なら相続税評価額を採用してもよいでしょうが、相続後に売却も検討するなら時価を使う方が納得を得やすいかもしれません。

不動産会社に査定を依頼すれば、おおよその時価は把握できます。弁護士案件や裁判になった場合は時価を採用するケースがほとんどです。

時価を採用する場合は、1日目に作った不動産のリストの備考欄に現時点の時価を書いておきましょう。

DAY 4

STEP2

分けにくい財産がある場合はこう考える

ほとんどが「不動産」という場合の円満解決事例

STEP2とSTEP3では、【3】分けるときのポイント（不動産の分け方、節税になる特例など）を解説していきます。

遺産分割の対象財産のほとんどが「不動産」という場合、不動産の分け方をめぐって家族が揉めたり、不動産をもらう人とそれ以外の財産をもらう人のバランスが取れない、ということがしばしば起こります。その対策をあらかじめ考えておく必要があります。

たとえば、自宅不動産の評価額が5000万円、それ以外は預金が1500万円で、法定相続人が長男と長女の2人、長男は親と同居していた場合で考えてみましょう（不動産の評価額は、2人が納得した方法を採用した評価額とします）。**自宅を長男に、預金を長女に、と分けると、遺産の額に大きな不公平ができてしまいます。**長女が納得すれば問題ないとはいえ、子どもにとって相続財産は親からの最後のプレゼント。大きな差がつけば、長女が悲しい思いをするかもしれません。遺産はなるべく公平に分けてあげたいところです。

●遺留分以下になっていないかもチェック

また、右記のケースでは、**長女のもらう財産が「遺留分以下」になっていることも問題**です。

遺留分とは151ページで説明しますが、相続人が最低限相続できる権利で、基本は法定相続分の2分の1になります。このケースだと、長女の遺留分は6500万円の4分の1（1／2×1／2）の1625万円になります。そのため、もし遺言書で指定された遺産が預金1500万円だった場合、長女は長男に差額の125万円を請求できるのです。そうなれば、お互い嫌な思いをすることになります。

では、このような場合、どうすればいいのでしょう。

自宅を長男に残しながら、長女も公平に遺産をもらえる「代償分割」という方法があります。（ちなみに、自宅は長男、預金は長女というように、財産を現物のまま分ける方法は「現物分割」といいます）

●不動産があっても公平に分けられる「代償分割」

「代償分割」とは、自宅をもらう長男が、長女へ代償金を支払う方法です。支払う金額は、当事者同士が納得していれば、特段の決まりはありません。

仮に相続財産を2分の1ずつに分けるなら、6500万円÷2＝3250万円がそれぞれの相続分になります。現金1500万円を長女が相続するなら、差額の1750万円を長男から長女に払って相続分を公平にするというわけです。

この方法なら、長男は自宅に住み続けることができますし、同居していた長男が自宅を相続することで、自宅土地を8割引きにしてくれる特例（小規模宅地等の特例・p144参照）も利用できるので、相続税上も有利です。

「代償金」は一括払いも分割払いも可能です。ただし、長男が「代償金」を用意できない場合は、この方法は利用できません。

それでも、どうしても長男に自宅を相続させたい場合、長男を受取人にした生命保険を用意しておく、という方法もあります。実は**生命保険は、遺産分割の対象にはならない**ので、長男は生命保険金で代償金を払うことができるのです。

●「代償分割」も無理なら売却して現金化する「換価分割」を検討

「現物分割」も「代償分割」もできない場合は、不動産を売却することになります。売却して現金化すれば分けやすい財産となります。

相続財産を売却して現金化して分けるのが「換価分割」です。「換価分割」後の現金の割合は、自由に決めることができます。

ただし、「換価分割」の場合、売却が前提の相続となるため、同居していた長男も小規模宅地等の特例が取れず、相続税が安くなりません。

また、売却に絡むトラブル（売らない、売れない、安くしか売れないなど）の可能性もあります。また、遺言書の書き方にもコツがありますので、**「換価分割」を検討する場合は、弁護士か税理士に相談する**ことをおすすめします。

DAY 4

STEP3

どう分けると「節税」になるのかを知る

分け方によって相続税が変わる！ 「特例」をまずチェック

STEP3では、相続税を大きく減らせる可能性のある「分け方のポイント」について、説明します。

3日目の相続税の計算で、財産が基礎控除額を上回り、**相続税がかかると判定された人でも、実は分け方によっては相続税がかからなくなったり、安くなったりすることがある**のです。

ポイントは次の二つです。

①配偶者がどのくらい相続するか
②自宅を誰が相続するか

それぞれ、説明していきましょう。

●①配偶者がどのくらい相続するか

配偶者がどのくらい相続するかによって、相続税は大きく変わります。

3日目のSTEP4（p122参照）でもふれた通り、**配偶者が相続する財産については、1億6000万円か法定相続分の、どちらか多い金額までは相続税がかからない特例（配偶者の税額軽減）**があります。これによって、配偶者にはほとんどの場合相続税がかかりません。

「ならば、配偶者に全部相続させればいいいか」といえば、そう簡単ではありません。配偶者に多く相続させると、その後、配偶者が亡くなった時の相続（2次相続）で多額の相続税がかかる可能性があるからです。

夫婦の相続税は、2人の相続（1次相続・2次相続）の合計で考えたほうがよいのです。

2次相続も考えた上で相続税を安くするには？

では、配偶者にどのくらいの財産を相続させれば、最終的に相続税を安くすることができるのでしょうか？

これはケースバイケースではありますが、一つの目安は、2次相続の相続財産を基礎控除額以下に抑えることができる範囲です。

たとえば、子どもが2人いる場合、2次相続の基礎控除額は4200万円です（p118参照）。2次相続のときに4200万円以内におさまるようにするには、1次相続でいくら配偶者に遺しておけばいいだろうか……と考えていくのです。

配偶者が老後資金で使えばその分財産は減りますし、もともと配偶者が持っている財産も勘案する必要があります。

またSTEP5~で説明する生前贈与や生命保険の非課税枠（500万円×法定相続人の数）などの節税対策（p158~参照）で財産を減らすこともで

きますので、それも加味して考えましょう。

2次相続で基礎控除額以下にする具体的な考え方

2次相続の基礎控除額が4200万円なら、1次相続で配偶者が6000万円を相続して、元々の財産が500万円あった場合、2次相続までにあと2300万円財産を減らすことができれば、基礎控除額に収まるわけです。この程度なら、配偶者の老後資金と節税対策で使い切れそうか？ と考えていきます。

このように、2次相続の相続財産が基礎控除額以下になることを目標にすると、配偶者にどのくらい相続させるといいかの目安になります。

ただし、トータルの財産額や内容によっては最適解が異なります。より節税効果の高い方法を知りたい場合、配偶者も資産を多く持っている場合などは、税理士に相談することをおすすめします。

税理士に払う報酬以上の節税効果が期待できると思います。

②自宅を誰が相続するか

もう一つ、相続税が大きく変わってくるのが「自宅を誰が相続するか」です。**自宅の「土地」は、配偶者か同居の親族（孫など、相続人以外でも可）が相続すると、相続税評価額が8割引きになる特例（小規模宅地等の特例）**があります。この特例が適用される人に自宅を相続させれば相続税を大きく引き下げることができます。なお、特例が使えるのは330㎡（100坪）まで。

330㎡を超えている場合、330㎡までは8割引き、超えた部分は通常の評価額となります。

8割引きということは、5000万円の土地は1000万円の評価額になるということ。仮に相続税率が30％だった場合、1200万円もの節税が可能になります。この特例を使った結果、相続税の対象となる財産額が基礎控除額以下になり、相続税がゼロになるケースもたくさんあります（ただし相続税がゼロになる場合でも、特例を利用するなら相続税の申告は必要です）。

●「小規模宅地等の特例」が利用できるのは……

この制度が利用できるのは、次の①〜③の方です。

①配偶者（別居していても無条件で利用できる）
②同居親族（相続税の申告期限まで継続して住み続けることが条件）
③①②がいない場合のみ、別居親族（相続時点で3年以上の借家住まいが条件）

①の配偶者は、無条件で使えますが、**②の同居親族は、「本当に同居していること、相続税の申告期限まで継続して住み続けること」が条件**となります。

特例を利用したいばかりに、「住民票を実家にうつす」ことを考える人がいますが、住民票だけをうつしても、実際同居していない場合、この特例は使えません。また、「親の介護のために、自分だけ家族と離れて一時的に同居する」というようなケースも、適用は難しいと言えます。

この特例の目的は「相続人等の生活基盤の維持に不可欠である自宅を相続税から守る」ことです。特例を使うために、便宜上または、一時的に同居しているような場合は特例の対象にならないのです。

二世帯住宅の場合、家屋を親世帯と子世帯で区分登記していると、税法上は同居ではないとみなされ、この特例が使えなくなるので要注意です。**二世帯住宅で特例を利用する場合は、家屋全体を一棟として登記**しておいてください。

自宅がありながら老人ホームに入居し、そこで亡くなった場合は、次の要件を満たした場合は特例の対象となります。

・死亡時点で、要介護（要支援）認定を受けていること
・老人福祉法などに規定する老人ホームであること
・自宅を賃貸にしていないこと　など

なお老人ホームに入る際に、自宅を売るか否かで所得税や相続税も変わってくるので、迷っている方は税理士に相談してください。

●配偶者も同居の親族もいない場合は、別居の親族も使える可能性

配偶者も同居の親族もいない場合は、③の別居している親族にも特例を使える可能性が出てきます。つまり、**配偶者のいないひとり暮らしの親が亡くなった場合には、離れて住んでいる子どもが相続しても特例が使えることがあります。**

ただし、3年以上借家住まいをしていた人に限ります。借家は、基本的に赤の他人（第三者）が家主である物件に限られます。親族や親族が経営する法人が所有する物件に住んでいた場合は、対象となりません。また、相続税の申告期限まで所有（住まなくてもいい）し続けることも条件となります。

小規模宅地等の特例は、自宅土地以外にも、人に貸している土地（駐車場・貸家が立っている土地　200㎡まで5割引き）や事業用に使っている土地（400㎡まで8割引き）にも適用できます。それぞれ事業を引き継ぐ人が適用対象者となります。

小規模宅地等の特例は、大きな節税になる半面、要件も厳しく税務署もしっかり確認してきます。適用が複雑な面もありますので、不安な場合や自宅以外の特例を使う場合は、税理士に相談することをおすすめします。

STEP4

財産を仮に分けてみる

財産をあげたい人、相続割合、何をあげるかを書き出す

ここまでを踏まえて、実際に財産の分け方を決めていきましょう。
4日目の冒頭で書いた分け方ステップ【1】〜【7】の【4】以降の部分です。

【4】「遺産分割の対象となる相続財産」の合計額を把握する
【5】財産をあげる人、相続割合をざっくり決める
【6】不動産を誰に残すかを検討する
【7】不動産以外の財産の分け方、バランスを考える

順番に説明していきましょう。

【4】「遺産分割の対象となる相続財産」の合計額を把握する（p155）

まず、3日目で相続税を計算する時に作った「財産合計表」（p125参照）から「相続税の対象財産」の数字を書き出してください。

ただし、**「相続税の対象財産」と「遺産分割の対象財産」は別モノです。**「相続税の対象財産」をベースに「遺産分割の対象財産」を算出していきます。

まず「遺産分割」で不動産の評価方法を、時価などに変更する場合はその差を反映してください（相続税評価額を使った場合はそのままでOK）。

さらに、「相続税の対象財産」に「生命保険金」か「退職金」（非課税枠を超えた分）が入っていたらそれも差し引きます。**これらは税務上はみなし相続財産として相続税の対象ですが、遺産分割の対象にはならない**からです。

山田さんのケースだと3000万円の保険金のうち、非課税枠を超えた1500万円が「相続税の対象財産」に含まれているので差し引きます。

さらにそこから、今後、自分が生活費などで使っていく「自分の必要分」も引きます（山田さんの場合は、年金と賃料収入以外に、いまある財産から毎月

５万円程度を15～20年かけて取り崩していくと仮定し、約１０００万円必要としました）。

それで出てきたのが、「遺産分割対象額（自分の必要分調整後）」となります。この額が、実際に、分割する財産の合計額となります。

●【5】財産をあげる人、相続割合をざっくり決める（p１５４）

（p１５４）

最初に、誰に財産を残したいのかを考えます。法定相続人だけに残すのか、それ以外にあげたい相手や寄付したい団体などがないか……。残したい相手が決まったら、ノートに名前と関係を書き出してみましょう。

さらにその相手にどのくらいの財産を残したいのか（割合や金額）を考えてみます。考え通りに、財産を分けるのが難しいこともありますが、ここでは、ざっくりで構いません。決めたら名前の横に割合（もしくは金額）を書いておきましょう。

このとき是非、気をつけてほしいのが、１３７ページでもふれた「遺留分」です。

「遺留分」とは、相続人が必ず相続できる権利のこと。配偶者や子は法定相続分の半分が「遺留分」として保証されます（兄弟姉妹には、遺留分はありません）。もし、遺言書で自分の相続分が「遺留分」より少なかった場合、その相続人は他の相続人に「遺留分」に足りない額（遺留分侵害額）を請求することができます。こうなると、せっかくの遺言書が台無しです。

配偶者が多くもらう結果、子の相続分が遺留分以下になるときは問題にならないことが多いですが、子ども間で不公平があるとトラブルに発展しかねません。少なくとも、子どもだけの相続では最低でも「遺留分」（法定相続分の半分）以上の遺産を残すように意識してください。

【6】不動産を誰に残すかを検討する

次に、不動産を誰に残したいかを考えましょう。

売らずに持ち続けてほしいなら、複数人での共有はトラブルの元となりがちなのでおすすめできません。原則単独所有で考えてください。

ただし、相続後売却をするのなら、複数人で共有しても、売却代金を持ち分に応じて分け合えるので問題ありません。売却が決定しているのであれば、共有で相続させるのもいい方法です。ただし、誰か1人でも「売りたくない」と言い出すと、やっかいです。共有は、売却の意思統一が取れることが条件です。

【7】不動産以外の財産の分け方、バランスを考える

不動産を誰がもらうか決めたら、それ以外の財産の分け方を考えます。特定の財産をあげたい人がいる場合は、その財産を最初に表に記載します。その上で財産額のバランスを取りながら、考えていきます。

金融資産の分け方は、銀行や証券の口座ごとに相続させる人を決めてもいいですし、「預金残高の1/3」というように、割合で決めても構いません。

不動産に紐づいているローンがある場合（団信のついている住宅ローン以外）は、その不動産をもらう人にローンを相続してもらいます。賃貸物件の敷金なども またしかりです。

財産の評価額は毎年変動します。財産リスト同様、遺産分けのバランスも、毎年更新しながら、確認することをおすすめします。

最後に、分け方のプランニングに従って、再度、財産合計表から「相続税」を計算しなおします。

p156〜157の山田さんの例では不動産を妻に残すことにしたので、小規模宅地等の特例が使えることになり土地評価額が8割引きになり、妻がもらった分は配偶者の税額軽減でゼロになったので、特例を使わずに計算していた時よりもトータルで1000万円以上相続税が安くなりました。

なお、実際の「遺産分割の対象財産」を計算するときには「自分の必要分（これから使う分）」を差し引いていますが、相続税の計算のときにはそれを考慮せずに計算しているのは、**相続税は高めに想定しておいたほうがいい**からです。

相続はいつ起こるかわかりません。極端な話、明日かもしれません。計算していた相続税が想定より高くなってしまったというより、想定より安かったというほうが家族も安心するでしょう。

STEP5からはこれからできる節税対策を書いていきます。そちらも併せて読んでから最終的な分け方を検討していただくのでも構いません。

山田さんの想いはp201をチェック！

残したい相手ごとに、残したい財産と額を書く

妻 山田 花子・・・法定相続人 一郎と一美がもらう財産以外全部＋生保1000万円

財産種類	銘柄・内容	所在場所等	価額	備考
一郎と一美がもらう財産以外全部			87,258,000	
合計			87,258,000	

長男 山田 一郎・・・法定相続人 1000万円〜1500万円＋生保1000万円

財産種類	銘柄・内容	所在場所等	価額	備考
●●銀行（①②）	普通・定期		4,002,000	2分の1
●●ネット銀行（⑥）			1,993,000	2分の1
有価証券	全銘柄		4,523,000	2分の1
ビットコイン	●●株式会社		500,000	2分の1
ゴルフ会員権	●●カントリー		1,000,000	
金			1,330,000	100グラム
合計			13,348,000	

長女 田中 一美・・・法定相続人 1000万円〜1500万円＋生保1000万円

財産種類	銘柄・内容	所在場所等	価額	備考
●●銀行（①②）	普通・定期		4,002,000	2分の1
●●ネット銀行（⑥）			1,993,000	2分の1
有価証券	全銘柄		4,523,000	2分の1
ビットコイン	●●株式会社		500,000	2分の1
金			2,660,000	200グラム
合計			13,678,000	

価額はすべて計算を簡易にするため1000円未満切り捨て

山田太郎さんの場合

【遺産分割のプランニング】この分け方に決めた

遺産分割対象額

DAY3 STEP4の財産合計表で出した、「相続税の対象財産」(p125)を記入

相続税の対象財産(2024年12月現在の合計表より)	139,284,000円
不動産の評価額に時価を採用した場合の相続税評価額との差	円
生命保険・退職金控除	▲15,000,000円
遺産分割対象額(現時点)	124,284,000円
自分の必要分(年金・賃料収入以外に月5万円程度×15〜20年必要とした概算額)	▲10,000,000円
遺産分割対象額(自分の必要分調整後)	114,284,000円

遺産分割の不動産の評価で「時価」を採用する場合は、差額をここに反映

相続税の対象財産に生命保険や退職金(非課税枠を超えた分)が含まれていたらすべて引く

自分が今後、生活費などで取り崩す予定の額を引く

この額をどう分けるか考える

る特例を適用して実際の相続税を計算。

備考
自宅土地評価額 53,305,002円
500万円×法定相続人の数
法定相続人3人
（小規模宅地等の特例適用後）
59,614,000円（相続割合61.68%）
18,348,000円（相続割合18.99%）
18,678,000円（相続割合19.33%）
（小規模宅地等の特例、配偶者の税額軽減の特例適用後）

退職金の予定がある場合
（非課税枠500万円×法定相続人の数）

「配偶者の税額軽減」の特例により、妻・花子の税金は0に

Cの相続税の対象財産から一郎・一美分を引いた額

分割プランニングで出した額に生命保険金の課税分を足して計算

山田太郎さんの場合

【実際の分け方での相続税】

分け方により使え

特例を使った場合の相続税

		金額（単位：円）
資産	預貯金	19,667,000
	有価証券	9,046,000
	その他の金融資産	3,000,000
	土地	63,750,000
	（小規模宅地等の特例）	-42,644,000
	建物	8,771,000
	生命保険	30,000,000
	（生命保険の非課税枠）	-15,000,000
	生命保険契約の権利	14,000,000
	退職金予定額	
	（退職金の非課税枠）	
	その他の資産	6,800,000
資産合計額　A		97,390,000
債務	マイナスの財産　B	-750,000
相続税の対象財産　A−B=C		96,640,000
相続税の基礎控除額　D		48,000,000
相続税対象額　C-D		48,640,000
相続税の総額		5,796,000
妻　花子さん相続税 （相続税の対象額−子2人相続分）		3,574,900 配偶者の税額軽減で0
長男　一郎さん相続税 （分割案+生保課税分500万円）		1,100,600
長女　一美さん相続税 （分割案+生保課税分500万円）		1,120,300
山田家の相続税の想定額		2,220,900

自宅土地を、妻・花子が相続することにしたので、小規模宅地等の特例が適用されて、土地が8割引きになる

小規模宅地等の特例が適用されると、相続税の対象額が減り、相続税額も、特例を適用しない場合（p125）から約718万円減った。

「小規模宅地等」の特例と「配偶者の税額軽減」の特例を使える分け方にしたので、特例なしで計算した場合（p125）よりも、約1075万円も相続税が安くなった！

相続税を減らしたければ、節税方法を検討する

財産を減らす王道は「生前贈与」「生命保険」「不動産」の3つ

相続財産が基礎控除額を超えており、さらに、「分け方」によって減税される特例などをふまえても、多額の相続税がかかりそうだという方は、節税対策も進めていきましょう。

とはいえ、**節税対策自体は、1日でできるものではありません。**どんな節税対策をどう実行していけばよいのかを、分け方とも併せてプランニングするところまでを4日目で行いましょう。

●相続税の節税とは財産を減らすこと

相続税の節税とは**相続税の対象となる財産を減らすこと**です。

仮に現時点で、相続税の対象となる財産が基礎控除額から2000万円オー

バーしていたとしたら、この2000万円を減らせば、相続税はかからなくなります。相続税対象の財産を減らす方法は大きく3つ。

①自分で使って減らす
②あげて減らす（生前贈与）
③評価を下げて減らす（不動産・生命保険の活用など）

①の自分で使って減らすというのは、ご自分の生活費や遊興費として使うということです。仮に、現在基礎控除額から2000万円オーバーしていても、STEP4で「自分の必要分（これから使う分）」を2000万円と想定して使っていって、想定通りの年数で相続が起これば、実際には相続税はかからなくなります。

②と③については、STEP6から詳しく説明しますので、内容を理解して自分が減らしたい財産の額によって、どの方法を組み合わせるかを考えてくだ

さい。やみくもに、いろいろな節税をすることなく、自分の財産のサイズや家族との関係に応じて、適切な節税対策をしていきましょう。

ちなみに、**財産を減らす以外に「法定相続人を増やす」ことも相続税の節税になります。**基礎控除額は、法定相続人の数が多いほど大きくなりますし、相続税の計算の過程でも法定相続人の数が多いと、相続税が安くなります。

「養子縁組」をすると、法定相続人を増やすことができますが、相続税の法定相続人に含めていい「養子の数」は実子がいる場合は1人、いない場合は2人までと決まっています。しかも**「養子縁組」は相続トラブルを招くこともあるので、慎重に検討する必要**があります。

ときどき、「金の仏像を買うと相続税の節税になりますか？」と聞かれることがありますが、そんなことはありません。

なぜそんな勘違いが起きるかというと、**「墓地や仏壇・仏具など日常的に礼拝をしているもの」には相続税がかからない**というルールがあるからです。

実際、お墓や仏壇などは、基本的に相続税がかからないので、生前に購入するのは相続税対策になります。高いものだと数百万にもなるでしょう。とはいえ「金の仏像」を買っても非課税にはなりません。税務署からみれば、金の仏像は「仏像の形をした金」に過ぎません。毎日拝んでもダメです。

たとえ仏具でも骨董的価値が高いものや投資対象となるもの、商品として所有しているものは、非課税になりませんので、お気をつけください。

● 相続税がかかる場合、残された家族が最も困ること

なお、節税を検討する以前に、一番に知っておいてほしいのは、**相続税がかかる場合に残された家族がもっとも迷惑するのは「相続税を払えない」ケース**だということ。

相続税は、現金で一括払いが原則です。遺産のほとんどが不動産などで現預金が少ないと相続税が払えないという悲劇が起こりえます。そうなると残された家族の心労は大変なものです。もし、相続税の納税資金が足りなそうだ、という場合はその対策も必要です。早目に税理士に相談することをおすすめします。

DAY 4

STEP6

「生前贈与」を検討してみる

贈与する相手、どの制度を使うか、いくらあげるかを決める

相続税の節税対策の中でも気軽に始められるのが、生前贈与です。手間も費用もかかりませんし、相続税対策としての効果も大いに期待できます。

とはいえ、無計画に贈与をしてしまうと、高額な「贈与税」がかかったり、自分の老後資金が足りなくなったり、相続税対策にならなかったりなど、残念な結果になってしまうこともあります。

減らしたい財産額を把握し、誰にどのくらい贈与するのかを検討し、計画的に実行していきましょう。

贈与税の制度はちょっと複雑です。せっかくの対策を無駄にせず、有効な生前贈与をするために、知っておきたいことをご紹介します。

贈与税の課税方法には「暦年課税制度」と「相続時精算課税制度」の二つがあり、贈与する相手ごとに、どちらの制度を使うのかを選べます。ではどのような場合にどちらを選べばお得になるのか？

それを知るために、まずはそれぞれの制度について簡単に説明します。

①「暦年課税制度」とは

1年間（1月〜12月）にもらった財産が110万円（非課税枠）を超えた場合に贈与税がかかる制度です。110万円までは無税で贈与できるため、非課税枠を利用して贈与することで、相続財産を減らしていくことができます。

仮に、相続税の税率が20％の場合、110万円を相続でもらうと、相続税は22万円かかります。でも、110万円を生前贈与でもらうと贈与税はゼロ。

つまり、年間110万円生前贈与をするごとに、22万円ずつ相続税を減らせるということ。これが、生前贈与の効果です。相続税の税率は、10〜55％なので、**年間11〜60・5万円の節税が可能**というわけです。

ただし、贈与した分すべてが節税になるわけではありません。子どもや配偶

● 相続の年と持ち戻し期間

相続の年	2024	2025	2026	2027	2028	2029	2030	2031〜
持ち戻し期間	3年	3年	3年	2024年1月1日〜相続開始日				7年

者（夫・妻）など、相続で財産をもらう人への贈与のうち、**亡くなった日からさかのぼって7年以内のものは、相続分の前渡しだと考え、相続財産に持ち戻される**ので、その分には節税効果はありません。

なお持ち戻し対象期間は、２０２４年1月以降の贈与については7年ですが、それより前は3年でした。現在は、移行期間中ですので、持ち戻しの対象となる期間は、相続が発生する年によって変わります（表参照）。

相続開始前4〜7年以内の贈与のうち、１００万円だけは持ち戻しの対象外となります。

● ②「相続時精算課税制度」とは

60歳以上の父母または祖父母から、18歳以上の子・孫などへ財産を贈与した場合に、２５００万円まで贈与税が非課税になる制度です。２５００万円を超えた贈与については、一律20％の贈与税がかかります。２５００万円の枠は1年で使い切っても、何年かにわたって使っても構いません。

贈与税がかからないなんてお得に見えますがこの制度を使った贈与は、基本的には「相続税の対象」となります。つまり贈与しても、結局は相続財産に持ち戻すことになるのです。ちなみに、支払った贈与税がある場合は、精算して差額の相続税を納めます。贈与税のほうが多かった場合は、還付を受けることになります。

２０２３年以前は、贈与した全額が相続財産に持ち戻される決まりだったため、実際この制度を利用する人はあまりいませんでした。

ところが、２０２４年以降、年間１１０万円の非課税枠が新設され、非課税枠内の贈与はすべて、相続財産への持ち戻しをしなくていいことになり、利用価値の高い制度に生まれ変わりました。

「相続時精算課税制度」を選択する場合には、贈与を受ける人が最初の贈与の翌年3月15日までに「相続時精算課税選択届出書」を税務署に提出する必要があります。また、「相続時精算課税制度」を選択すると、「暦年課税制度」に戻すことはできません。

●どちらの制度を使って生前贈与をするのがお得？

以上を踏まえて、相続税対策として生前贈与をする場合「暦年課税制度」と「相続時精算課税制度」のどちらを使ったほうがお得になるか、パターンごとに見ていきたいと思います。

パターン① 年間110万円以下の贈与

仮に、毎年110万円の贈与を続けた人が亡くなった場合、「暦年課税制度」では亡くなる前7年分（770万円－100万円の控除額＝670万円）が相続税の計算対象となりますが、「相続時精算課税制度」なら、贈与された財産は1円も相続税の対象となりません。**つまり非課税枠内の贈与であれば「相続時精算課税制度」のほうがお得**ということになります。

パターン②　贈与税の非課税枠（年間110万円）を超えて行う贈与

高額な相続税が見込まれる場合、年間110万円以下の贈与では、大きく相続財産を減らすことができないため、非課税枠を超えた贈与で大きな節税効果を狙うほうが有利なケースが多いです。その場合は、いくら贈与するのか、何年贈与するのかで、どちらの制度を利用すべきかの最適解が変わってきます。**非課税枠を超えて贈与をする場合は、税理士に相談する**ことをおすすめします。

パターン③　孫など、相続で財産をもらわない人への贈与

孫など相続で財産をもらわない人へは「暦年課税制度」がお得です。7年以内の贈与が相続財産に持ち戻しとなるのは相続で財産をもらう人だけだからです。

逆に相続で財産をもらわない人に「相続時精算課税制度」で贈与してしまうと、年間110万円を超えた分が相続税の対象となってしまいます。しかも、法定相続人ではない孫は相続税が2割増しとなりますので、要注意です。

なお、贈与には他に、「教育資金の一括贈与」「住宅取得等資金の贈与」など特別の非課税枠が設けられているものがあります。有効な節税対策となりますが、少々複雑ですので詳細は、発展編（p220参照）で紹介します。

●贈与契約書は作ったほうが安心

贈与契約書は「贈与の事実があったことを証明するため」のものです。

生前贈与をする場合、親の通帳から子や孫の通帳に直接振り込みをしているなど、贈与の事実が明らかになっていれば、贈与契約書がなくても税務署から贈与を否認されることは、ほぼありません。

とはいえ、贈与があったかどうかが問題になるのは往々にして相続の時です。あげた側の親はすでにこの世にいません。そのときに、他の家族から「親の通帳から勝手に振り込んだ」「親は認知症だったから贈与するつもりはなかった」などと疑われ、トラブルになることもありますので作っておいたほうが安心です。

また、現金の手渡しや非上場株式の贈与など、**贈与したことを後から証明できない場合は必ず贈与契約書を作成しておきましょう。**左ページが贈与契約書のひな型です。日付と氏名は手書き（自書）にし、契約書は2通作成し、贈与

山田太郎さんの場合

● 生前贈与契約書見本

贈与契約書

贈与者 山田太郎を甲とし、受贈者 山田一郎を乙として、甲乙間において次の通り契約を締結した。

第1条 甲は、乙に対して、現金100万円を贈与することを約し、乙はこれを承諾した。

第2条 甲は、当該財産を令和6年12月31日までに乙の指定口座に振り込むものとする。

令和6年12月10日
贈与者（甲）
住所 東京都●●区●●町〇-〇-〇

氏名　山田 太郎 （山田）

受贈者（乙）
住所 東京都●●区●●町〇-〇-〇

氏名　山田 一郎 （山田）

日付と氏名は手書きにして押印する

する側とされた側がそれぞれ保管しておきます。

●生前贈与は、リストにして残しておく

さらに、生前贈与はリストにしてノートに書いておきましょう。**財産の分け方を考えるときにも、相続税の申告をするときにも贈与の履歴があると便利**です。

贈与した相手ごとに分けて、

・贈与の日
・贈与した財産の内容
・贈与した額
・贈与税申告の有無
・贈与の種類
・契約書の有無

などを書きます。

これまでにすでに贈与している場合、過去の贈与も書いておきましょう。

【生前贈与リスト】

贈与の履歴を書いておく。

贈与する相手ごとにリスト化

贈与した相手 山田 一郎

贈与の日	財産の内容	財産額	贈与税申告の有無	贈与の種類	備考
2020年8月1日	現金	1,000,000	無	暦年	家のリフォーム祝い
2022年4月1日	現金	500,000	無	暦年	孫の高校入学祝い
2024年1月3日	現金	1,000,000	有	精算課税	この年から精算課税制度利用

贈与の種類には、「暦年」「相続時精算課税」「その他（住宅取得等資金贈与や教育資金贈与など）」を書く

贈与した相手 田中 一美

贈与の日	財産の内容	財産額	贈与税申告の有無	贈与の種類	備考
2018年12月1日	現金	5,000,000	有	その他（住宅取得等資金贈与）	家購入のための資金贈与
2024年1月3日	現金	1,000,000	有	精算課税	この年から精算課税制度利用

DAY 4

STEP7

「生命保険」の加入を検討する

生命保険の非課税枠を使えば、あげたい人に非課税で現金を残せる

生命保険を使った相続税対策は、簡単で効果の高い方法です。

119ページでも紹介しましたが、生命保険には「500万円×法定相続人の数」の非課税枠があり、これを利用すれば相続税の節税になります。

たとえば、**法定相続人が3人（配偶者と子ども2人）であれば、「500万円×3人＝1500万円」までは、生命保険金を受け取っても相続税はかかりません。**

受け取り方は自由で、1500万円をひとりが受け取ってもいいですし、3人で500万円ずつなど、分けて受け取ってもかまいません。

仮に、相続税の対象となる財産が基礎控除額を1500万円超えていた場合、

1500万円の生命保険に加入することで、相続税の対象となる財産を基礎控除額以下に抑えることが可能になります。

基礎控除額を超えていても、相続税の税率は10%〜55%ですから、1500万円分が非課税になるなら、150万円〜825万円の節税が可能ということ。生命保険に加入するだけで、これだけの効果が期待できるのですから、相続税対策として非常に優秀です。

●生命保険に加入するときのポイント

ただし、加入の仕方を間違えると効果が半減してしまうこともあります。ここでは、相続税の節税に役立つ生命保険の加入方法について説明します。

ポイントは次の4つです。

①契約者（保険料負担者）＝被保険者（保険の対象となる人）にする
②受取人は子どもにする
③一時払い終身保険がおすすめ
④保険金は非課税枠を上限とする

一つずつ説明していきましょう。

①契約者（保険料負担者）＝被保険者（保険の対象となる人）にする

1日目の61ページで説明したように、生命保険は加入の仕方によってかかる税金が変わります。**相続税の非課税枠を利用できるのは、契約者＝被保険者（保険料を負担した人が亡くなると保険金が出るタイプ）の場合だけ**です。

②受取人は子どもにする

節税効果を最大にするためには、受取人は子どもにしましょう。

受取人を配偶者（妻・夫）にしている人も多いですが、配偶者はもともと特例（配偶者の税額軽減）（p141参照）により、相続税がかからない場合が多いので、生命保険が非課税になっても効果は薄いのです。配偶者の老後資金を確保したいなら、**相続税がかかる現預金等を配偶者に、生命保険の受取人を子にする**のがおすすめです。

法定相続人でない孫や嫁・婿を受取人にすることは、節税対策としてはおすすめしません。そもそも、**この非課税枠が使えるのは、受取人が法定相続人の場合のみ**です。法定相続人ではない人が、生命保険金を受け取っても非課税にはならないばかりか、相続税が2割増しになってしまいます（兄弟姉妹は法定相続人でも2割増しの対象）。

また、生命保険金を受け取ると「相続で財産をもらう人」となり、164ページで説明した贈与税の7年持ち戻しの対象者になってしまうデメリットもあります。

現在加入している生命保険の受取人を変更したい場合は、保険会社に連絡して受取人変更の手続きをしてください。

③一時払い終身保険がおすすめ

生命保険は、高齢になればなるほど保険料が高くなります。月払いや年払いを選択した場合、受け取る保険金よりも、支払う保険料が高くなる、ということも珍しくありません。相続税対策でこれから加入するなら「一時払いの終身保険」がおすすめです。**一時払い終身保険とは、契約時に保険料を一括で支払**

う終身保険です。これだと一括で支払った金額以上の保険金を受け取れるのが一般的です。

④保険金は非課税枠を上限とする

保険で資産を増やすといった目的がある場合はさておき、**節税のために加入するのであれば、非課税枠以上の保険金は不要です**。非課税枠を超えた保険金は相続税の対象となります（ただし生命保険金は「遺産分割の対象財産」にはならないので、好きな人に好きなだけ残したいという場合は非課税枠を超えての加入も検討の余地ありです）。

相続税の基礎控除額をギリギリオーバーしている、というような場合は、基礎控除額を超えている金額分だけ加入する、というのもおすすめの方法です。

●生命保険が相続税対策として優れている理由

生命保険は受取人が保険金を請求すれば、数日で現金を受け取ることができます。

預金等のように、相続手続きに手間暇がかかりません。しかも**遺産分割協議の対象にならないので、財産を渡したい相手に確実に渡すことができます。**

また「節税はしたいけれど、生前贈与などで財産を減らしすぎると自分の老後資金が足りなくなるのも心配」という方にも向いています。

一時払いの終身保険ならば、加入後5～6年程度たつと、解約しても払い込んだ保険料と同等の解約返礼金を受け取れるケースが多いからです。

もし想定外に長生きして老後資金が足りなくなってきたら生命保険を解約し、解約返戻金を受け取って自分の老後資金にすればいいでしょう。それより先に相続が発生すれば節税になりますので、どちらにしても安心です。

このように、節税以外にもメリットの多い生命保険は、個人的にもおすすめの対策です。

STEP8

「不動産」の購入を検討する

相続財産を大きく減らす必要があれば、検討の余地あり

生前贈与や生命保険などでコツコツ財産を減らしても、まだまだ相続財産が多すぎるという方は不動産の購入も選択肢になります。

不動産は、時価と比べて相続税評価額がかなり低いため、財産を圧縮することができるのです。投下資金も大きく、節税効果も大きいので、大型の節税を期待する人向きの対策です。

●不動産の相続税評価額

不動産の相続税評価額は、土地は原則「路線価」、建物は「固定資産税評価額」をもとに算出されます。これらは時価よりも低くなりがちで土地は時価の8割程度、建物は構造（木造・鉄骨など）で変わりますが、おおむね5～7割

● 不動産の評価額

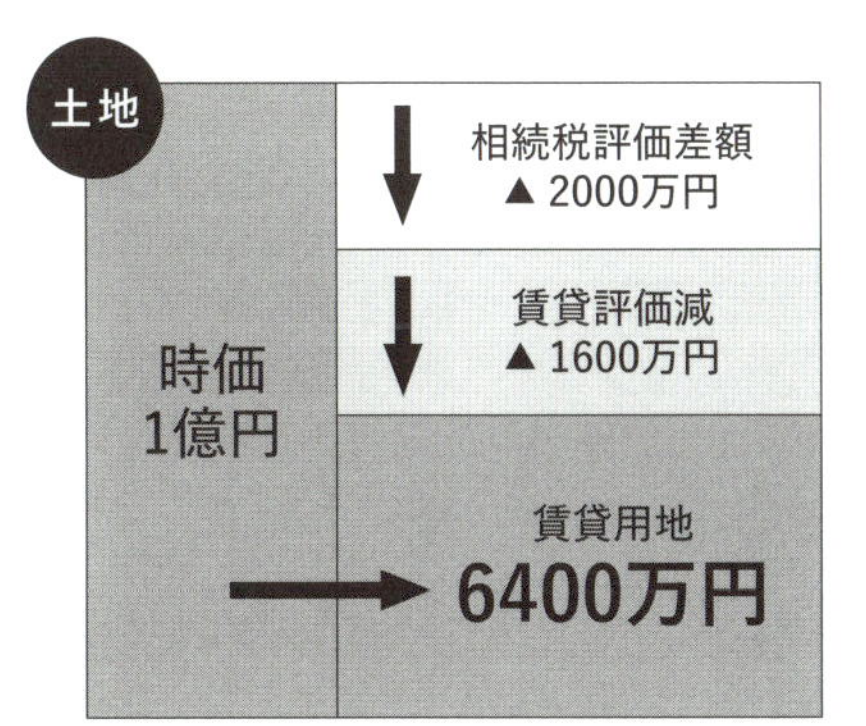

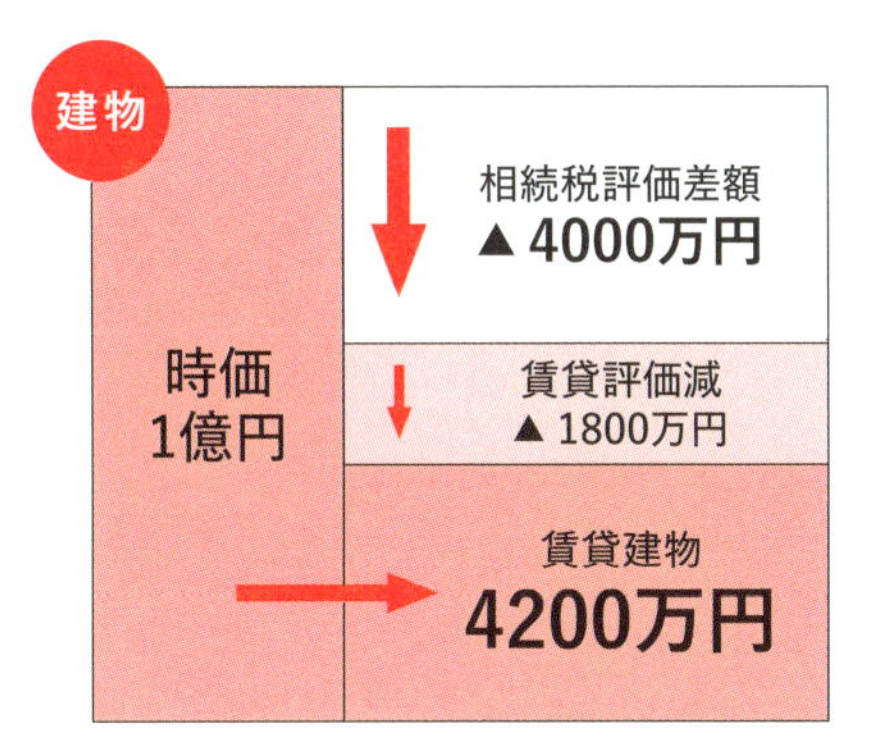

時価2億円の不動産の評価額が 1億600万円に!

程度になるといわれています。

不動産を賃貸にした場合、評価はさらに下がります。**賃貸マンションや賃貸アパートの建っている土地は約2割、建物は3割も評価額が下がる**のです。

仮に、1億円で土地を購入し、その上に1億円の建物を建てた場合、相続税評価額は土地約8000万円、建物約6000万円になり、この時点で時価2億円の不動産の評価額が1億4000万円と、約6000万円も下がります。これを賃貸にすると、土地は約2割減の約6400万円、建物は3割減の約4200万円となり、この不動産の評価額は1億600万円と、時価のほぼ半分となります。(図参照)

相続税率が40%とすると、2億円の現預金を相続すれば相続税は8000万円ですが、時価2億円の不動産なら4240万円になるということ！　これだけの節税効果があるなら、富裕層が不動産を持ちたがる気持ちわかりますよね。

●「タワマン節税」は厳しくなってきたが……

特に、マンションの相続税評価額は、戸建てよりも低くなる傾向にあります。マンションの場合、1戸あたりの土地の相続税評価は、敷地権割合を使って計算します。敷地権割合とは、区分所有者が所有している敷地権（マンションの土地）の割合のことです。マンション（特にタワーマンション）は一つの敷地に多くの住戸があり、1戸あたりの敷地権の面積が小さいため、相続税評価額は低くなりやすいのです。これが「タワマン節税」のからくりです。

平成30年の国税庁の調べでは、戸建て住宅の相続税評価額が時価の約60%なのに対し、マンションの場合は約42・7%、総階数20階以上のタワマンだと約31・6%。都心のタワマンに限れば、時価2億円のタワマンの相続税評価額が

2000万円程度になることも珍しくありませんでした。

しかしさすがにこれは問題となり、**2024年以降の相続からは「区分所有マンション」の相続税評価額が時価の60%以下になる場合は、評価額を60%にする**と決められました。

それでもまだまだ不動産の時価と相続税評価額の差は大きいので、不動産購入が有効な相続税対策であることは、間違いありません。

ただし不動産は価額も高く、時価も大きく変動します。**節税に成功しても、その後不動産価格が大きく下落し節税効果以上の損をするリスクもあります。**また、賃貸経営は立派な事業ですから、生半可な気持ちで手を出すのは危険です。どうしても不動産購入による節税を試みたい場合は不動産や相続に強い税理士に相談してからにしましょう。

4日目は、分け方と節税のプランニングについて解説しました。STEP6〜8の節税対策自体は1日でできるものではありませんが、自分に合った対策はどれかを考え、今後、実行していきましょう。

COLUMN

対策しないとこうなる!
相続地獄
STORY

遺言書で遺産を平等に分けたのに、きょうだい間で争い勃発!

2か月前に夫を亡くした、佐藤まゆみさん（72歳　仮名）。夫の遺産をめぐって子どもたちの話し合いがつかず困っています。子どもは、長男・長女・次男の3人。長男と長女は結婚していて、子どもが2人ずついます。次男は独身です。

まゆみさんの夫はしっかり相続対策もしていました。**子どもには平等に遺産を分けたいと遺言書を残し**、節税対策になるからと4人の孫に毎年50万円ずつ生前贈与もしていたそうです。

子どもに平等に分けたかったはずが……

夫の遺産と、孫へ贈与した金額は以下の通りです。

【夫の主な遺産】

自宅マンション（時価1億円）・預貯金（約5000万円）　計1億5000万円

【孫への贈与】

長男の子　17歳（850万円）　15歳（750万円）　計1600万円

長女の子　16歳（800万円）　14歳（700万円）　計1500万円

夫の遺言書は、預金のうち3000万円を子ども3人で1000万円ずつ、残りは妻のまゆみさんにすべて相続させるという内容でした。しかし、その遺言書を前に、子どもたちが揉めてしまったと言います。

「父さんは、きょうだいに平等に相続させたいと言っていたが、その通りだな」という長男の言葉に、次男が異議を唱えました。

「俺には、これが平等だなんて、まったく思えない」。

次男の言い分は以下の通り。

①長男は、アメリカの大学院の留学費用（600万円）を父に出してもらっている

②長女は、家を買う時に500万円もらっている

③長男長女とも、孫への贈与をもらっている
④自分は何ももらっていない

しかし長男は次男に「お前は結婚もせず気ままな生活だが、俺たちは結婚し子どもを育てている。孫への贈与も相続とは関係ない」と反論したといいます。

どちらの言い分も間違いではない

このきょうだいの言い分をどう思いますか？　どちらかが間違っていたり、欲張りだったりすると感じられますか？

私は、どちらの言い分も、わからなくもないと思います。特に、次男は、遺産額それ自体よりも、**他のきょうだいと同じように扱ってもらえなかったことに傷ついた**のではないかと心配です。子どもにとって相続は親からの最後のプレゼント。「兄さんや姉さんは生前にたくさんもらっていたのに、これはえこひいきだ」と感じてしまう。これは相続特有の感情、きょうだいへの嫉妬の感情です。

お父さんも、きょうだい平等にと考えていたのでしょうが、相続で平等を実現するのは難しいものです。結局、まゆみさんが中心となり、遺言書は採用せ

ず、話し合いで財産を分けることになりました（遺言書は、基本的には法定相続人全員の合意があれば、遺言書通りに分けなくてもいいのです）。

「うちの子たちは欲がないし、仲がいいから相続で揉めたりしない」という方がいますが、**相続で揉める理由は、欲だけではない**し、大人になったきょうだいは、親が思うほど「仲良し」ではありません。自分の家族、自分の生活を持てば、子どもの頃の関係と変わってしまうのは、当然なのでしょう。

いろいろな相続の現場を見てきて思うのは**「えこひいき」は相続を揉めさせる大きな要因**の一つだということ。しかも親は、無自覚なことが多いのです。

遺産分割を考える時は、「えこひいき」してる子がいないか考えてください。やむを得ない場合には、事前の話し合いや遺言書などで「えこひいき」されなかった側の子も、きちんとフォローしておくことをおすすめします。

教訓

無意識に「えこひいき」している子がいないか、振り返ってみる

5
日目

「遺言書」を書く

5日目は、4日目で決めた「分け方」を元に
「遺言書」を書いてみます。
残される家族に想いを馳せて
「自筆証書遺言」でも「公正証書遺言」でも、
まずは、たたき台となる原案を作りましょう。

DAY5

STEP1 「遺言書」の種類を知る

STEP2 「自筆証書遺言」を書いてみる

STEP3 「公正証書遺言」を作るならここに注意する

STEP1

「遺言書」の種類を知る

「自筆証書遺言」か「公正証書遺言」のどちらにするか決める

4日目で遺産の分け方を決めたら、それを元に「遺言書」を作成しましょう。

「遺言書なんて、大げさな……」と思う方もいるかもしれません。

でも、せっかく分け方を決めても、法的に有効な「遺言書」がなければ、結局法定相続人全員で遺産の分け方を決めることになります。そうなれば、家族が揉めることなく希望通りの遺産分けができるという保証はありません。

円満な相続実現のために、もうひと踏ん張り、頑張りましょう！

●2種類の遺言書のメリット・デメリット

一般的な遺言書の種類は二つ。自分が手書きで作る「自筆証書遺言」と公証人というプロに作成してもらう「公正証書遺言」です。

「自筆証書遺言」は、自分1人で思い立った時に作れるのが最大のメリット。気軽に作れるのでまだ様々な状況が確定せず、ファイナルアンサーが出ていない状況でも、「とりあえず遺言書を作ってみよう」と書き始めることができます。

ただし、気軽に作れる半面デメリットもあります。

・遺言書に不備があれば、法的に無効になってしまう
・失くしたり、家族に見つけてもらえなかったりする可能性がある
・家族に勝手に改ざんされたり、捨てられたりする可能性がある
・封印されている場合、家庭裁判所で検認してもらえないと開封できない　など。

ただし、これらの**デメリットは「自筆証書遺言書保管制度」という法務局に遺言書を保管してもらう制度を利用することで、軽減する**ことができます。

具体的には、遺言書を作成した本人が法務局に出向いて、自筆証書遺言保管の申請をします。申請時に、遺言書の形式に不備がないかをチェックしてもらえます。法務局で保管してもらえるので、紛失・改ざんのリスクもなくなりますし、家庭裁判所での検認の手続きも不要になります。

法務局が戸籍情報で遺言者の死亡を知ると、事前に指定した相続人に「遺言書が保管されています」と通知してくれます。また、相続人から申請して確認することもできます。**手数料は1通につき3900円と安価**です。

実際にこの制度を利用する場合は、この制度独自の遺言書のルールなどもありますので、事前に問い合わせをすることをおすすめします。

一方の**「公正証書遺言」は、公証人が作成するので、法的に無効になる心配がほとんどありません。**公証人は元裁判官や検察官などの法律の実務に携わった人たちで、法律のプロです。また、作った遺言書の原本は公証役場で保管されるため、紛失や改ざん・破棄などの心配がありません。

手数料は、財産の額に応じて計算方法が決まっていますが、一般的な家庭なら5~10万円程度です（p205参照）。遺言書への署名押印の際、**証人2人の立ち合いが必要**です。妻や子、孫は証人にはなれません。証人がいない場合は、公証役場で紹介してもらえます（1人当たり数千円の手数料がかかります）。

遺産額が多い、家族関係が複雑、遺言書の書き方に不安がある、確実に不備のない遺言書にしたいなどという場合は、「公正証書遺言」がおすすめです。

「自筆証書遺言書保管制度」でも、法務局で形式の不備（手書きで書かれているか、日付が入っているか、押印があるかなど）は確認してもらえますが、内容の不備（内容が不明確だったり、名前や財産の書き間違いなど）は確認してくれません。

手書きで遺言書を書けない人も「公正証書遺言」がおすすめです。寝たきりなどで公証役場に行けなくても、自宅や病院など指定した場所に出張してもらえます。出張の場合は、手数料が1・5倍になり、日当や交通費もかかります。

自筆証書遺言のポイントは公正証書遺言の原案作りにも生かせる

「内容がシンプルで不備なく作成できる自信がある」「短期間で遺言書の内容を大きく見直す可能性がある」という場合は「自筆証書遺言」に挑戦してみましょう。

自筆証書遺言を作るときのポイントはSTEP2で解説します。これは公正証書遺言の原案を作る場合にも役立ちますので、公正証書遺言を検討している人も、STEP2を確認してください。

DAY5

STEP2

「自筆証書遺言」を書いてみる

とりあえず「たたき台」でもいいので書き始めてみよう

「自筆証書遺言」を作成していきましょう。

最初に押さえておきたいのは、有効な「自筆証書遺言」を作るために、守るべき4つの要件です。それが次の①〜④です。

①遺言書本文は、すべて本人が手書きすること（財産目録は、パソコンで作ったものや家族が代書したものでもよいが、その場合もすべてのページに自筆の署名と押印は必要）。

②作成した正確な日付（年月日）を書くこと（和暦でも西暦でも可）。

③戸籍通りの名前をフルネームで署名すること。

④印鑑を押すこと（認印でもよいが、実印が望ましい）。

●自筆証書遺言の気をつけるべきポイント

以上を踏まえ、次のポイントを押さえつつ作成していきます。199ページに掲載した山田さんの場合のサンプルも参考にしてください。

①タイトルに「遺言書」と書いて、それとわかるようにする

②財産を渡す相手については、戸籍通りの名前をフルネームで書き、生年月日を記載し、その人と特定できるようにする

③法定相続人に対しては「相続させる」、法定相続人以外の人に対しては「遺贈する」と記載する

④財産の内容がわかるよう、預貯金であれば「銀行名・支店名・口座番号」、不動産であれば、登記簿謄本に記載されている所在地・内容を明記する（財産目録を作成する場合は、右記内容は目録に記載。遺言書には、財産目録のどこに記載されている財産かがわかるように記載する）

⑤遺言書（もしくは財産目録）に記載されている財産以外の財産があった場合

に誰が相続するかがわかるようにしておく

⑥遺言執行者を指定しておくと、手続きがスムーズになる

⑦家族へのメッセージや遺言書を残した理由を書いておく（付言事項）

⑧遺言書で指定した相続人が自分より先に亡くなる心配がある場合は、亡くなった場合の分け方についても記載するといい

⑤～⑧は、必要に応じて記載します。**これは、公正証書遺言を書く際にも、役立つポイント**ですので、参考にしてください。

●財産目録には残高や財産額などは不要

財産目録は、パソコンで作成しても、不動産の登記簿謄本や預金通帳のコピーでもよいことになっています。1日目で作成した「財産リスト」を活用してもいいでしょう。

ただし遺言書につける財産目録には、預金残高や財産額などは不要ですので、金額や評価額が書いてある部分は削除して使用してください。

財産目録は山田さんのサンプルのように相続人ごとに作成すると、遺言書の書き方がシンプルになります。

財産目録は必ずページごとに手書きの署名と押印が必要です。両面コピーの場合でも、片面ずつの署名と押印をしてください。

財産目録が複数枚にわたる場合は、改ざんなどされないように、ホッチキス留めをして割り印をしておくことをおすすめします。

●自分で保管するか法務局に預けるか

書き終えたら自分で保管するか、「自筆証書遺言書保管制度」（p189参照）を利用し法務局に預けるか決めます。法務局への保管制度を利用する場合、遺言書にも財産目録にも書き方のルールがあるので、確認して作成してください。

自分で保管する場合、相続が起きたあと家庭裁判所で遺言書の検認を受ける必要があります。**不動産の登記や金融機関の手続きなどをするためには、遺言**

書の原本と家庭裁判所が発行する検認済証明書が必要だからです。

遺言書は、封印をする必要はありませんが、家族に見られたくない、という場合は封印（封筒に入れて、封をする）をしておくといいでしょう。ただし、**封印されている遺言書は、家庭裁判所の検認前に、家族が勝手に開けるとペナルティの対象**となります。

我が家は、夫婦ともに自筆証書遺言を作成していますが、どちらも封印せず保管しています。相続が起きた時、どんな遺言書を書いていたのかを確認したくなるだろうと思うからです。

折り目を付けると「封印されていたのではないか」と疑われる可能性があるので、折りたたまずクリアファイルで保存しています。

自筆証書遺言の保管場所は

自分で保管する場合に、悩ましいのが「どこに保管するか」です。仏壇や大切なものをしまっている引き出しなどにしまう方が多いようですが、せっかくの遺言書も見つけてもらえなければ意味がありません。**保管した場所は、少なくとも信頼できる家族1人には伝えておく**のがよいでしょう。

時々、貸金庫に保管する人がいますが、あまりおすすめできません。相続後に貸金庫を開けるためには、相続人全員の同意が必要です。トラブルなどで、同意がとれないと貸金庫が開けられず遺言書の確認ができません。

ちなみに、遺言書で貸金庫を開ける権限のある人（遺言執行者）を指定しておけば、遺言執行者が単独で貸金庫を開けることができます。相続人全員で貸金庫の確認に行くのが困難な場合には、便利です。

ただ、貸金庫を1人で確認すると、他の相続人に「勝手に相続財産を持ち帰ったのでは」などと疑われてしまうこともありますので、可能であれば貸金庫は相続人全員で確認することをおすすめします。

遺言書本文はすべて本人が手書きする

❶ タイトルを書く

❷ 財産を渡す相手については、戸籍通りの名前をフルネームで書き、生年月日を記載し、その人と特定できるようにする

❸ 相続人に対しては「相続させる」、相続人以外の人に対しては「遺贈する」と記載する

❹ 財産の内容がわかるよう、預貯金であれば「銀行名・支店名・口座番号」、不動産であれば、登記簿謄本に記載されている所在地・内容を明記する（財産目録を作成する場合は、目録のどこに書いてあるのかがわかるように記載する）

❺ 遺言書（もしくは財産目録）に記載されている財産以外の財産があった場合に誰が相続するかがわかるようにしておく

❻ 遺言執行者を指定しておくと、手続きがスムーズになる

❼ 家族へのメッセージや遺言書を残した理由を書いておく（付言事項）

作成した正確な年月日を書き、署名する。印鑑（できれば実印）を押す

山田太郎さんの場合

● 遺言書サンプル

遺言書

遺言者 山田太郎 は次の通り遺言する。

1. 長男 山田一郎（昭和●●年●●月●●日生）、
長女 田中一美（昭和●●年●●月●●日生）へ、
別紙財産目録第1記載の財産を各2分の1ずつ相続させる。

2. 長男 山田一郎（昭和●●年●●月●●日生）へ
別紙財産目録第2記載の財産のすべてを相続させる。

3. 長女 田中一美（昭和●●年●●月●●日生）へ
別紙財産目録第3記載の財産のすべてを相続させる。

4. 妻 山田花子（昭和●●年●●月●●日生）に
上記以外のすべての財産を相続させる。

5. 遺言執行者として、長男　山田一郎を指定する。

6. 付言事項
家族に恵まれ、楽しい人生を送ることができたことに感謝しています。

ありがとう。

この遺言の内容は、妻花子が私亡き後も心豊かに過ごしてもらうことを目的としていることを理解してください。一郎も一美もお母さんを大事に、きょうだい仲良く。家族みんなが幸せでいてくれることを願っています。

令和●●年●●月●●日
東京都大田区蒲田○-○-○
山田 太郎 

山田太郎さんの場合

● 財産目録サンプル

一郎と一美で半分ずつ相続させる金融資産は財産目録第1としてまとめている。

財産目録 第1

預貯金

金融機関名	支店	種類	口座番号
○○銀行	蒲田	普通預金	237××××
○○銀行	蒲田	定期預金	237××××
○○ネット銀行	本店	普通預金	303××××

有価証券

金融機関名	支店	口座種類	お客様番号・口座番号等
○○証券	新宿	特定口座(源泉有)	054－××××
○○ネット証券	本店	特定口座(源泉有)	324－××××
○○信託銀行	新宿	特定口座(源泉有)	181－337××××
○○証券	蒲田	一般口座	990－××××

その他の金融資産

ビットコイン	○○株式会社	ビットコインアドレス(口座番号) ×××－×××

一郎に相続させる「ゴルフ会員権」と「金」を財産目録2としてまとめている。

財産目録 第2

ゴルフ会員権	○○カントリー 千葉県○○市○○ 1－○－○
金	100グラム　○○貴金属で購入

財産目録 第3

金	200グラム　○○貴金属で購入

一美に相続させる「金」を財産目録第3にまとめている。

山田 太郎 (山田)

※財産目録自体は、PCで作ってもよいが、すべてのページに自書による署名と印鑑が必要。

この遺言書にこめた山田太郎さんの想いは…

山田家は、妻・花子の**老後資金を確保することを第一に、相続税の負担もなるべく減らす**ことも考えて、遺産の分け方を決めました。

不動産は、自宅も含めてすべて花子に残しました。その理由は、自宅土地は花子が相続すれば**小規模宅地等の特例が使える**から。また賃貸マンションは、賃料を花子の**老後の生活費に充てられる**からです。

那須の土地は、コストがかかるだけなので生前に売却するつもりです。

なお、**全財産を花子が相続すると2次相続での相続税が高額になる**ため、今回、子ども2人にはそれぞれ1000万～1500万円程度の財産を渡します。金融資産は分けやすいので、半分ずつ平等に分けます。花子では扱うのが大変な有価証券やビットコインも子どもたちに相続させます。

ゴルフ会員権は、長男・一郎がほしがっていたので相続させ、その分、金のグラム数を長女・一美に多く渡しバランスを取っています。

妻・花子の相続の時には、自宅と賃貸マンションを一つずつ子どもたちに相続させればいいと考えています。また私の死後は、子どものどちらかに花子と自宅で同居してほしいと考えています。花子も助かるし、**2次相続の時にも、小規模宅地等の特例が取れます**から。

DAY5

STEP3

「公正証書遺言」を作るならここに注意する

不安に思っていること、聞きたいことはあらかじめ明確にしておく

「公正証書遺言」は、公証人に作成してもらう遺言書です。公証人は、多くが元裁判官・検察官などの法律のプロ。せっかくなら、プロにアドバイスをもらいつつ、よりよい遺言書作成を目指したいところです。

ただし、**どう分けるかの原案は自分で考えなければいけません。**公証人は多忙です。**不安なことや聞きたいことはあらかじめ明確に**しておきましょう。

STEP2で紹介した「気をつけるべきポイント」の⑤～⑧をどのように書いたらいいかなどは、聞いてみるといいと思います。

ただし、節税対策や詳細な遺留分の計算まではしてもらえません。そのような相談もしたい場合は、税理士もしくは弁護士に相談してください。

公正証書遺言の作成の流れ

公正証書遺言の作成の流れは次の通りです。順番に説明していきます。

①遺言書の内容（原案）を決める
②公証役場に連絡し、必要書類の確認とスケジュールの調整
③必要書類と原案を提出
④遺言書案について公証人と打ち合わせ
⑤公正証書遺言書への署名・押印、手数料支払い

①遺言書の内容（原案）を決める

財産目録をまとめ、誰に何をどれだけ相続させるかを決めます。

②公証役場に連絡し、必要書類の確認とスケジュールの調整

公証役場は全国どこの公証役場でも自由に選ぶことができますが、自宅に近い公証役場を選ぶのが一般的です。ネットで「公証役場一覧」で検索できます。

電話で遺言書を作成したい旨を伝え、必要書類を確認しましょう。最近では、遺言書を作成する人も増えていて、公証人も多忙なため、思ったよりも遺言書作成に時間がかかることもあります。あらかじめ今後のスケジュールを確認して、スムーズに進められるようにしておくといいでしょう。

③必要書類と原案を提出

分け方の原案と必要書類をメールや郵送・持参などの方法で提出します。

必要書類は、財産関係資料（不動産の固定資産税の課税証明書や登記簿謄本・銀行や証券口座の内容がわかるものなど）と、身分関係資料（本人の印鑑証明書、相続人の戸籍謄本など）です。ケースによりますので確認してから用意しましょう。

④遺言書案について公証人と打ち合わせ

提出した内容に基づき、公証人が遺言書案を作成してくれます。メール等で内容を確認し、納得のいくものになるまでやりとりをして、遺言書を作成します。

⑤公正証書遺言書への署名・押印、手数料支払い

公証役場に出向き、遺言書へ署名・押印をします。健康状態等の理由で出向けない場合は公証人に出張してもらいます（別途手数料等がかかります）。証人2人も同席します。公証人との挨拶のあと、本人確認・遺言書の内容の読み上げ・内容に問題がないかの確認をし、問題がないと判断されれば、遺言書への署名・押印をします。2人の証人も署名・押印します。

遺言書は原本・正本・謄本の3通作られ、原本は公証役場で保管、正本と謄本は持ち帰ります。

事前に手数料がいくらかかるのかは確認しておきましょう。

● 公正証書遺言の手数料一覧

相続財産の価額	手数料
100万円以下	5,000円
200万円以下	7,000円
500万円以下	11,000円
1,000万円以下	17,000円
3,000万円以下	23,000円
5,000万円以下	29.000円
1億円以下	43,000円
3億円以下	43,000円 ＋超過額5,000万円毎に **13,000円加算**
10億円以下	95,000円 ＋超過額5,000万円毎に **11,000円加算**
10億円超	249,000円 ＋超過額5,000万円毎に **8,000円加算**

※相続する人ごとの手数料を合算する

「5日目」が終わったら

「相続対策の5日間」が終わったら
家族会議を開いて、思いを共有しましょう。
その後は、1年に1度、見直すだけ。
これで、いつ、あなたに万一のことが起ころうと、
家族に迷惑をかけることはありません。

AFTER

DAY 5

STEP1 なるべく早めに「家族会議」を開く

STEP2 1年に1度「財産リスト」を見直し相続税を計算する

STEP1

なるべく早めに「家族会議」を開く

法定相続人に集まってもらい、遺産の分け方などを伝えておく

ひと通りの対策が終わったら、この結果を家族に説明し、相続について話し合っていただきたいと思います。

家族のために相続対策を行い、相続税について確認したこと、遺産の分け方をどのような思いで決めて遺言書を作ったのかなど……。特に**遺産の分け方についでは、家族に納得してもらう**ようにしてください。家族を思う気持ちが伝われば、今回の相続対策はより高い効果を発揮するはずです。

●話し合いは「法定相続人」だけで行う

話し合いは、法定相続人だけで行うことをおすすめします。法定相続人の配偶者や子どもが口を挟んだりすると、無用なトラブルに発展する可能性がある

からです。

法定相続人は、全員参加してもらいましょう。参加しない人がいると、のちのち不平が出てくる可能性があります。

介護状態になったときどうするかについても話し合う

相続の話とともに、この先の介護についても話し合っておくといいでしょう。

親が介護状態になったときに、どうすればいいかを心配している子は多いものです。介護費用はどこから出すのか。介護に使う預金の情報（暗証番号や代理人制度の活用）についての情報共有は必須です。

また、介護状態になったあと、自宅で過ごしたいのか、施設に入りたいのか。その選択によって、家のリフォーム費や、施設の費用が必要になります。

また、**誰が中心になって介護をするのか、が遺産分けの配分に影響することもあります。**介護は相続同様、子どもから切り出しにくい話題です。是非、この機会に相続と介護について、セットで家族で話し合ってみてください。

1日目 2日目 3日目 4日目 5日目 5日目以降

After
5DAYS

STEP2

1年に1度「財産リスト」を見直し相続税を計算する

財産額や家族の状況、気持ちに大きな変化があれば遺言書も見直す

今回、5日間で行った「相続対策」はあくまで現時点でのものです。実際の相続はいつになるかわかりませんから、定期的に見直すことも大切です。財産状況、家族関係、税制や法律は変化するものだからです。

財産は、使えば減って、稼げば増えます。財産そのものには変動がなかったとしても、不動産や株などの価格は変動します。財産の額が変われば、かかる相続税は変わるし、遺産分けのバランスが崩れる可能性も出てくるのです。また、子どもが結婚・離婚する、お孫さんが生まれるなど家族の状況が変化すれば、遺産分けについての考え方が変わることもあります。税制や法律だって変わることがあります。

見直しのときにやるべきことは？

見直しは、できれば1年に1度、同じ時期に行うことをおすすめします。お盆や年末年始など、家族が集まるタイミングに合わせて見直すのもよいでしょう。毎年なんて面倒！　と思われるかもしれませんが、1度作ってしまえば、さほどの手間ではありません。

見直しのときにやるべきことは、今回作った財産リストの、残高や評価額を更新すること。新しい財産やなくなった財産があれば、追加・削除し、相続税の計算をします。これだけなら、1日でもできるはず。

財産額や家族の状況、自分自身の気持ちに大きな変化がなければ、「遺産分け」や「遺言書」については見直さなくてもいいでしょう。

ちなみに、今回サンプルとして登場した山田太郎さんは、もし子どものどちらかが、同居し介護をしてくれるようなことがあれば、その場合は遺言書を書き換えようと話しているそうです。

「相続対策ノート」用
エクセル表
ダウンロード
QRコード

本書の1日目から4日目までに作る「相続対策」のための図表などを、“ノートに手書き”ではなく、PCで作成したい人は、こちらからエクセル表をダウンロードしてください。

（こちらのエクセルは書き込み用の表であり、自動計算はできません）。

https://www.diamond.co.jp/books/120842/01.zip

発展編

知っておきたい
ケース・スタディ

ここでは、基本編で紹介しきれなかった
よくあるケースについて紹介します。
該当する方はこちらも併せてお読みいただき、
専門家に相談する等、さらなる対策を進めてください。

CASE 1

売れない、使えない……「困った不動産」がある

不動産には、もらっても嬉しくない「困った不動産」もあります。困った不動産ベスト3は、①売れない・使えない②共有③登記変更していない、です。

●売れない・共有・登記変更していない不動産を持っていたら？

①売れない・使えない不動産は、はっきり言って相続したくない財産です。先日も「親の遺産に売れない空き家・山林・田畑があり、相続放棄も考えている」というご相談がありました。どんな不動産でも、相続税の対象になるし、固定資産税もかかります。要件を満たせば国に引き取ってもらえる制度もありますが、それも限定的で、20万〜100万円を超える費用を負担しなければなりません。

もし、売れない・使えない不動産をお持ちなら、自分の代で片を付けてあげ

ましょう。安い金額でもいいので、**売却できるよう動き出してください。**

②共有不動産も、もらうと困る不動産です。共有のまま放置すれば、相続のたびに共有者が増えていきます。共有相手が配偶者や相続する子本人であれば、ゆくゆくは単独所有になるのでよいのですが、それ以外の人との共有不動産は、自分の代で共有を解消してあげましょう。共有解消の方法は、売却や贈与・交換などがあります。やり方によっては多額な税金がかかる可能性もあるので、**不動産に強い税理士に相談**することをおすすめします。

③2024年4月から、相続登記が義務化されました。これから相続する不動産はもちろん、過去に相続した不動産も対象です。登記せずに放置すれば、罰則の対象となります。これまでは、登記変更が義務化されていなかったので、何代にもわたって登記していないケースもあると思います。過去にさかのぼっての登記は手間も費用も大変です。これも、自分の代で処理してあげてください。費用はかかりますが、**司法書士に相談**することをおすすめします。

CASE 2

「借地権」を持っている土地がある

相続の時に、うっかり忘れてしまいそうになるのが「借地権」です。

「借地権」とは、建物を所有するために他人の土地を借りる権利のこと。

「借地権」には、固定資産税はかかりませんし、基本的には登記簿にも載りません。地代を払って、土地を借りているだけですが、**「借地権」は相続の対象にもなる立派な財産**です。むしろ地主よりも強い権利を持っていることも多いのです。

●借地権の相続税評価額は底地より高くなることも！

借地権の相続税評価額は、土地の評価額に「借地権割合」をかけて計算します。「借地権割合」とは、土地に対する借地の権利割合です。場所によって30～90％の間で設定されていて、国税庁が発表する路線価に掲載されています。

一般的に、**地価が高いところほど借地権割合は高い傾向**にあります。高級住宅地は60～70％、通常の住宅地は40～60％程度の割合となります。

仮に、1億円の相続税評価額の土地の借地権が70％だった場合、その土地を借りて家を建てている人の借地権の相続税評価額は、7000万円。一方地主の持っている底地の相続税評価額は、3000万円です。ちょっとびっくりですよね。

借地権を事前に認識していないと、思わぬ高い相続税がかかってしまうことがあるので、要注意です（借地権も小規模宅地等の特例を使うことができます）。

借地権の相続の時には、地主との契約書の作り直しをする場合もあります。また、相続をきっかけに立ち退きを迫られた、という人もいます。

借地に関する契約書がなかったり、地主との関係が悪かったり疎遠だったりすると、相続する子どもたちが苦労することも……。「借地権」を持っている場合は、事前に契約書の確認や整備、地主との話し合いなど、**相続のときに揉めない対策をしておく**といいでしょう。

CASE 3

自分で会社を経営している

会社を経営している場合、思わぬものが相続財産となり、相続税が高額になることがあります。「経営している会社の株式（自社株）」と「会社への貸付金」です。

自社株とは、一般的に経営者が所有している会社の株式のこと。出資すると引き換えに株式を持つことになります。自社株の評価額は、出資した金額と同じではありません。会社の経営状態によって、評価額は変化します。１０００万円出資した自社株の評価額が３億円になっていた！　なんてことも十分あえるのです。

仮に評価額3億円の自社株を相続しても、3億円で誰かが買ってくれるわけではありません。でも、相続税は3億円の財産があるとしてかかってくるのです。

このことを知らずに相続を迎えれば、残された家族が思わぬ高額な相続税を払うことになります。事前にわかっていれば、贈与や特例の適用などの対策をすることができます。自社株の評価は複雑です。会社を経営している方は、是非、**自社株の評価を税理士に依頼**して、価値を確認してください。

●見落としがちな会社への貸付金

もう一つ見落としがちなのが「会社への貸付金」です。会社が資金不足の時に、社長が個人財産から運転資金を入れたり、会社の経費を社長個人の財布から払ったりした場合、会社は「社長（からの）借入金」として処理します。これは、社長にとっては、会社から返してもらう権利のある「貸付金」という財産です。

この「社長借入金」を精算せずに積み上げている会社は意外に多いのです。ひどい場合は数千万円、数億円単位になっていることも……。

相続になれば、この貸付金は相続税の対象です。会社に返済能力がなければ、家族は「返ってくる見込みのない財産に高額な相続税を払う」ことになります。

会社に**「社長借入金」がいくら残っているか、**確認してください。そして、高額な「社長借入金」がある場合は、税理士と相談して早めに精算していきましょう。

CASE 4

「教育資金の一括贈与」「住宅取得等資金の贈与」等、大型の生前贈与を検討している

贈与税の特例で人気の二つの制度について説明します。

「教育資金の一括贈与」は**最大1500万円までの教育資金の贈与を非課税**にできる制度です。でも実は、孫の教育費を祖父母が払っても贈与税はかかりません。ただし、「本当に教育費に使うための贈与」だということを証明できるようにしておく必要があります。そのためには、孫の学費などを直接学校や塾に振り込めばいいのです。学費や塾代、習い事の月謝を払ってあげれば、その都度、子や孫に感謝されますから、一度にまとめてあげるよりいいと思いませんか？

では、「教育資金の一括贈与」のメリットは何か？　それは「将来かかる教育資金を一括で払える」ということです。仮にこの制度を使った贈与をした次の日に亡くなったとしても、一定の場合を除いて相続財産への持ち戻しは不要で

すから、相続直前でも節税効果が見込めます。ちなみに、一定の場合とは、遺産が5億円以上ある、贈与を受けた相手が23歳以上だった場合などです。元気なうちは、その都度支払いをしてあげて、万が一病気になった場合に、一括贈与の特例を利用する、というやり方がいいかもしれません。

●「住宅取得等資金の贈与」の特例は条件が細かいので要注意

子や孫がマイホームを買う時に使えるのが「住宅取得等資金贈与」の特例です。要件を満たせば**最大1000万円まで贈与税が非課税**になります（令和8年12月31日までの贈与）。この特例を使った贈与は、相続財産に持ち戻す必要がないので、相続直前でも効果があり、おすすめです。ただし、特例を使うための条件が細かく決められており、一つでも外れてしまうと特例が使えなくなってしまいます。また、贈与した翌年3月15日までの贈与税の申告も必要となりますので、この制度を利用する場合は事前に税理士に相談することをおすすめします。

非課税枠以上の資金を出してあげたい場合のアドバイス（一部を親の名義にするなど）がもらえたりと、失敗のない資金提供が可能になると思います。

CASE 5

余命がわずか……でもできる「相続税対策」

相続税対策は元気なうちに始めるのが理想ですが、突然、余命宣告されるような病気になる場合もあります。そんな場合でも、今からできる対策はあります。ただし、認知症の方は残念ながらできません。ここでは、**意思能力がある人が、相続直前でもできる相続税対策**を紹介します。主に次の7つです。

①生命保険の非課税枠の活用
②孫や嫁・婿への贈与
③教育資金の一括贈与・住宅取得等資金の贈与
④小規模宅地等の特例の検討
⑤自宅リフォーム
⑥墓・仏壇の購入

⑦養子縁組

①の生命保険の節税効果は172ページで説明した通り。実は、生命保険会社によっては医師の診断や告知不要で90歳まで加入できる一時払い終身保険があります。未加入の場合はあきらめずに検討してみましょう。

②孫や嫁・婿など、相続で財産をもらわない人への贈与と、③の二つの特例（CASE4で説明）は相続直前の贈与でも、相続財産に持ち戻さなくてよいため、節税効果が期待できます。

④配偶者や同居の親族がいない場合、同居できる親族がいれば土地の評価額を8割引きにできる可能性があります。実行する場合は税理士に相談しましょう。

⑤自宅のリフォームをして代金を払うと、現預金が減るので相続税の節税になります。床面積を増やす増築などは建物の価値も上がるので、効果は限定的。子どもの家のリフォーム代は親が払うと贈与になるので要注意です。

⑥墓・仏壇の購入、⑦養子縁組の節税効果は既に説明した通り（p160参照）。どれも相続直前でも効果のある対策です。

CASE

6

子どもがいない夫婦が相続で気をつけること

本書は主に、子どもがいる夫婦を想定し相続対策のポイントについて書いてきましたが、子どものいない夫婦の相続は、また別の注意が必要です。

法定相続分の考え方を思い出してください。子どもがいない場合、相続人は、配偶者と親、もしくは配偶者と兄弟姉妹、ということになります。

つまり、**夫婦の一方が亡くなった場合、何の対策もしていなければ、残された人は義理の親、もしくは義理の兄弟姉妹を相手に遺産をどう分けるかを話し合わなければならない**ということです。ちょっと想像したくない未来ですよね。

でも、法律で決まっている以上、その日は必ずやってくるのです。

●子どものいない夫婦こそ「遺言書」は必須

実際、「亡き夫（妻）の親やきょうだいから、遺産をよこせと言われた」という相談は、多々あります。

他の相続人との関係が悪くなると銀行口座のお金を動かすこともできません。「預貯金仮払い制度」を利用すれば、一定金額を下ろすことはできますが、口座残高×法定相続分×3分の1（最大150万円・金融機関ごと）が限度です。

全額を引き出すためには、誰がどの財産をもらうかが決まるか、法定相続人全員の同意が必要となります。亡き夫（妻）の預金を下ろすだけでも、こんな手間がかかるなんて……涙が出てしまいますよね。

配偶者をこんな恐ろしい未来から守るためにも、子どものいないご夫婦こそお互いに遺言書を残してほしいと思います。遺言書があれば、遺産の分け方を話し合う必要はありませんし、預金の解約もできます。特に、**兄弟姉妹には、遺留分がありませんから、「すべての財産を妻（夫）に相続させる」という遺言書があれば、兄弟姉妹は財産をもらう権利がなくなります。**

「財産を残す子どもがいないから相続対策は必要ない」などと思わず、しっかり準備していただきたいと思います。

CASE 7

法定相続人以外に、財産を残したい人がいる

法定相続人以外に財産を残したい場合には、遺言書にその旨を書くのが最も一般的な方法です。**相続人以外の人に財産を引き継がせることを遺贈（いぞう）といいます。**遺贈の相手は、誰でも構いません。法人への遺贈も可能です。

●法定相続人の「遺留分」を侵害しない範囲で

遺贈をするということは、法定相続人のもらう遺産がその分減ることになりますので、法定相続人も心中穏やかではない可能性があります。そのことを、前提に遺産の残し方を考えましょう。

「遺留分侵害」はもってのほかです。151ページでも説明した通り、法定相続人には最低限相続する権利「遺留分」があります。法定相続人以外の人に「遺

留分」を侵害するほどの財産を残せば、ほぼ確実にトラブルになるといえます。

遺贈する財産については、「遺言執行者●●は財産目録第●に関する遺言執行を行う。」というように**遺言執行者を遺贈を受ける本人に指定**しておきましょう。指定がないと、他の相続人と共同で相続手続きをすることになってしまいます。

なお**遺贈の場合は、相続税は2割増し**になります。

また、**法人への遺贈は法人税の対象**となります。気をつけたいのは、法人への不動産や有価証券などの現物の遺贈です。この場合、相続開始時に故人が時価で法人に譲渡したとみなされ、所得税がかかる可能性があります。亡くなった方の所得税は、準確定申告を相続開始後4か月以内に行う必要があります。

公益法人等への遺贈の場合、一定の要件を満たせば、法人への法人税も故人への所得税も非課税になります。ただ、この要件は複雑なので、法人への遺贈を検討している場合は、事前に税理士に相談してください。

より詳しく知りたい人のためのQ&A

Q 法定相続人が「子」でない場合の確定の仕方は？

法定相続人が第1順位の子の場合は、故人の生まれてから亡くなるまでの戸籍と、法定相続人の現在の戸籍を取ることで、法定相続人が確定できます。

しかし、法定相続人が第1順位の子以外の場合は、法定相続人を確定するために、追加の戸籍が必要になります。親族と疎遠になっていて、戸籍を取って初めて知る法定相続人がいる可能性もあります。ここでは、ケースごとに必要になる戸籍を紹介します。

法定相続人が孫の場合

子が亡くなっていて孫が代襲相続人になる場合は、亡くなった子の出生から死亡までの戸籍を追加取得して代襲相続人となる孫を確定する必要があります。

法定相続人が親の場合

法定相続人が第2順位の親で、両親ともに存命の場合は、2人の現在の戸籍で確認できます。既に亡くなっている親がいる場合は、その方の死亡の記載のある戸籍を取得して死亡を確認します。

法定相続人が兄弟姉妹の場合

第3順位の兄弟姉妹が相続人の場合は、父母双方の出生から死亡までの戸籍を取り、第2順位がいないことを確認しつつ、兄弟姉妹を確認します。

法定相続人が甥・姪の場合

既に死亡している兄弟姉妹がいる場合は、その子（甥・姪）が代襲相続人になります。死亡している兄弟姉妹の出生から死亡までの戸籍を取得し、子（代襲相続人）の確認をします。

Q 土地の相続税評価額の正確な計算法は？

本書では、土地の相続税評価額は、固定資産税の評価額に8／7をかけて計算してきましたが、**実際は原則「路線価」を使って計算**します。「路線価」とは、各道路についている、その道路に面している土地の評価に使う価額です。

山田さんの自宅（東京都大田区蒲田●－●－●、152・3㎡）を例に、路線価での計算方法を説明していきます。

まずは、「路線価」をネットで検索し、国税庁の路線価のサイトを開きます。日本地図が出てきますので、東京都→路線価図→大田区→蒲田●丁目と選択していくと、路線価図が出てきます。路線価は住所で検索します。土地のある場所を探して、前面道路の評価額を確認します。

山田さんの自宅前の道路には、400Dと書いてありました。これは、400千円／㎡で借地権割合がD（60％）の土地だという意味です。

● 国税庁の路線価図

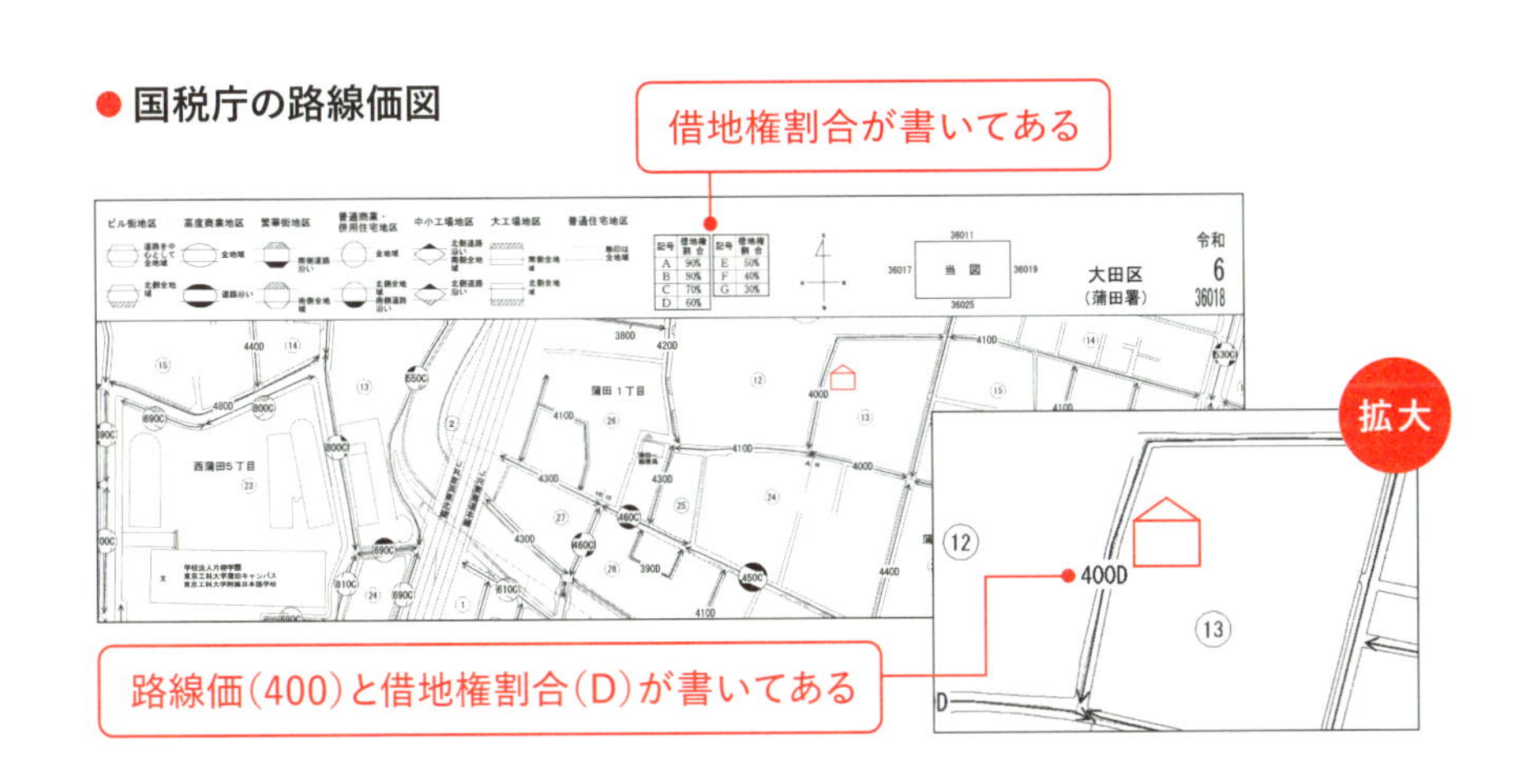

山田さんの自宅土地は１５２・３㎡なので、計算すると４００千円×１５２・３㎡＝６０９２万円となります。これが、山田さんの自宅土地の評価額の最大値です。真四角な使い勝手のいい土地であれば、ほぼこの評価額ですが、細長い土地や、道路に面している幅が少ない土地など、その形状によって減額調整が入ります。

路線価が付いていない地域もありますが、その場合は「倍率方式」で評価します。固定資産税の評価額に一定の倍率をかけた額が評価額です。

倍率は、国税庁ＨＰの「評価倍率表」で確認できます。

Q 受け取りが終わっていない企業年金やiDeCoがあるときは？

本書の山田さんのケースでは退職金やiDeCoについては計算に入れていません。しかし、企業年金を年金型でもらっていて、もらい終わらないうちに亡くなった場合、ケースによって取り扱いが変わります。

亡くなった月までの分の未支給年金には相続税はかかりませんが、相続人の一時所得として所得税・住民税の対象になります。これは、厚生年金や国民年金などの公的年金も同じ扱いです。

企業年金で、亡くなった日以降の未支給分を受け取る場合は、相続税の対象となります。非課税枠などはありません。

在職中に亡くなった場合の遺族一時金も相続税の対象ですが死亡退職金として相続人が受け取る場合は「500万円×法定相続人の数」の非課税枠があります。

iDeCoの加入者が亡くなった場合、残額が死亡一時金として払われます。この**死亡一時金は、相続税の対象となりますが、死亡退職金として相続人が受け取る場合は「500万円×法定相続人」の非課税枠があります。**ただし、亡くなって3年経過後（請求期限は5年以内）に受け取ると、相続税の対象ではなく、受け取った人の一時所得として所得税・住民税の対象となります。

Q 株の一般口座とNISA口座の相続の違いは？

NISAの口座については、相続した人の一般口座か特定口座に相続時の時価で移管することになり、相続した人のNISA口座に移すことはできません。

基本編で説明した通り、株式や投資信託も相続税の対象となり基本的に相続時の時価で評価されます。含み益については相続の時点では所得税はかかりませんが、相続後売却する時の含み益には、税金がかかります。ただし**どの部分が含み益となるかは、一般口座（あるいは特定口座）とNISA口座で違います。**

具体例で説明すると、亡くなった人が10万円で購入した株が、相続時15万円になっていて、相続後20万円で相続人が売却した場合。それが一般口座にあった株なら、20万円と購入額10万円の差の10万円が含み益となりますが、NISA口座にあった株の場合は相続時の時価（15万円）との差の5万円が含み益となり、この差額に20・315％の税金がかかります。

おわりに

相続の仕事を長年していますが、今までお会いした方の中で、しっかり対策をされているのは、地主さんや会社経営者など、もともと税理士、特に相続を理解している税理士が身近にいる人がほとんどでした。

税理士は相続対策の効果を示して、実行を促してくれます。もちろん、何をすべきかをプランニングして、実行の手伝いもしてくれます。

結果、いざ相続になったときには、財産額の把握もスムーズだし、相続税も対策の効果で抑えられ、遺言書で争いもなく、諸々の手続きも円滑に進み、円満に相続を終えることができるのです。

でも、身近に税理士がいるなんて人は、少数派。

そうでない人は、自ら相続対策の重要性を認識して、重い腰をあげ、何をすればいいのかを調べ、自分で対策を実行していくことになります。

もちろん、税理士や弁護士に相談するという方法はありますが、何をどう相談すればいいのか、報酬はどのくらいかかるのか、いい相談相手をどう見つければいいのか、などなどプロに相談することには高いハードルがあります。

このように、相続対策はした方がいいとは思っていても、実際に動けない気持ちは、よくわかります。

でも、相続で大変な思いをしてきた人、苦労した人を見てきた者としては、なんとか「相続対策をすることが普通のこと」にする方法はないか、と考えてきました。


そして、出来上がったのがこの本「たった5日で相続対策」です。

この本の通りに進めていけば、最短5日で相続対策のやるべきことが実行できます。

この本を少しでも多くの方の手に取っていただき、相続対策をすることが当たり前の世の中になることに寄与できれば、こんなにうれしいことはありません。

板倉　京

の表でわかります(法定相続割合で分け、配偶者税額軽減の特例を適用した場合)。

● 相続人が子だけの場合

遺産総額	子ども1人	子ども2人	子ども3人	子ども4人
5000万円	160万円	80万円	20万円	0円
6000万円	310万円	180万円	120万円	60万円
7000万円	480万円	320万円	220万円	160万円
8000万円	680万円	470万円	330万円	260万円
9000万円	920万円	620万円	480万円	360万円
1億円	1220万円	770万円	630万円	490万円
1.5億円	2860万円	1840万円	1440万円	1240万円
2億円	4860万円	3340万円	2460万円	2120万円
2.5億円	6930万円	4920万円	3960万円	3120万円
3億円	9180万円	6920万円	5460万円	4580万円

※税額は、子ども全員分です。
※p122～123も参照。

相続税の一発早見表 相続税の計算が面倒な人は、おおよその額がこちら

● 配偶者と子が相続人の場合

遺産総額（控除前の額）		配偶者 子ども1人	配偶者 子ども2人	配偶者 子ども3人	配偶者 子ども4人
5000万円	配偶者	0円	0円	0円	0円
	子ども全員分	40万円	10万円	0円	0円
	合計	40万円	10万円	0円	0円
6000万円	配偶者	0円	0円	0円	0円
	子ども全員分	90万円	60万円	30万円	0円
	合計	90万円	60万円	30万円	0円
7000万円	配偶者	0円	0円	0円	0円
	子ども全員分	160万円	113万円	80万円	50万円
	合計	160万円	113万円	80万円	50万円
8000万円	配偶者	0円	0円	0円	0円
	子ども全員分	235万円	175万円	137万円	100万円
	合計	235万円	175万円	137万円	100万円
9000万円	配偶者	0円	0円	0円	0円
	子ども全員分	310万円	240万円	200万円	163万円
	合計	310万円	240万円	200万円	163万円
1億円	配偶者	0円	0円	0円	0円
	子ども全員分	385万円	315万円	262万円	225万円
	合計	385万円	315万円	262万円	225万円
1.5億円	配偶者	0円	0円	0円	0円
	子ども全員分	920万円	748万円	665万円	588万円
	合計	920万円	748万円	665万円	588万円
2億円	配偶者	0円	0円	0円	0円
	子ども全員分	1670万円	1350万円	1217万円	1125万円
	合計	1670万円	1350万円	1217万円	1125万円
2.5億円	配偶者	0円	0円	0円	0円
	子ども全員分	2460万円	1985万円	1800万円	1688万円
	合計	2460万円	1985万円	1800万円	1688万円
3億円	配偶者	0円	0円	0円	0円
	子ども全員分	3460万円	2860万円	2540万円	2350万円
	合計	3460万円	2860万円	2540万円	2350万円

［著者］

板倉　京（いたくら・みやこ）

税理士・マネージャーナリスト

保険会社勤務の後、いったん専業主婦になるも、一念発起して税理士資格を取得。大手会計事務所、財産コンサルティング会社勤務などを経て2005年に税理士事務所を開業。独立開業している女性税理士の組織 ㈱ウーマン・タックス代表。シニアのクライアントを多く抱え、資産運用や相続に詳しい税理士としてテレビ・ラジオへの出演や全国での講演、書籍の執筆などの活動も多数。著書に『夫に読ませたくない相続の教科書』（文春新書）、『定年前後のお金の正解　改訂版』『ひとりで楽しく生きるためのお金大全』（ともに、ダイヤモンド社）など多数。

たった5日で 相続対策
——子どもに絶対、迷惑をかけたくない人のための

2024年12月3日　第1刷発行

著　者——板倉　京
発行所——ダイヤモンド社
〒150-8409　東京都渋谷区神宮前6-12-17
https://www.diamond.co.jp/
電話／03·5778·7233（編集）　03·5778·7240（販売）

装丁&本文デザイン—金井久幸+川添和香（Two Three）
イラスト——坂本 伊久子
校正————鷗来堂／NA Lab.
ＤＴＰ———エヴリ・シンク
製作進行——ダイヤモンド・グラフィック社
印刷————勇進印刷
製本————ブックアート
編集担当——井上敬子

ISBN 978-4-478-12084-2